自然の神と環境民俗学

鳥越皓之【著】
Hiroyuki Torigoe

岩田書院

はしがき

どの学問も時代の影響を受けながら変貌してきた。それぞれの学問分野であたらしい分野が生じたり、あたらしい考え方が生みだされたりしてきたのである。

民俗学も時代の流れのなかで、あたらしい分野をつくってきた。都市民俗学や、本書であつかう環境民俗学も、その一つである。最近は公共民俗学といって、一層、社会性をおびた分野も生まれつつある。これらのあたらしい分野は、伝統的な分野である民間信仰、口承文芸、社会伝承、生業などの研究成果を吸収しつつ、時代の要求に応えているのであって、じつは伝統分野にしっかりとした根をもっている。

本書では「自然の神」を対象とするが、これは伝統的な民間信仰の分野である。それを環境民俗学があつかえば、どのような違いが出るのであろうか。一言でいえば切り口が異なってくる。その固有の切り口が環境民俗学といえるものになるのである。

一九九四年、私は編著『試みとしての環境民俗学――琵琶湖のフィールドから』（雄山閣出版）という本を出版した。これが書物として環境民俗学を名のった嚆矢であると思う。その後、環境民俗学の本がいくつか出版されたし、山泰幸・古川彰・川田牧人共編の『環境民俗学』（二〇〇八年、昭和堂）という教科書も生まれた。環境民俗学も民俗学の分野で市民権を得たといえるかもしれない。

環境民俗学は自然を対象とする。人文学である民俗学が自然を対象とするとはどういうことであろうか。現在、暮らしを立てている人たちのなかで、とりわけ農民や漁民は、日々自然と格闘をしている。その農民や漁民など、自然と格闘しながら深く付き合っている人たちのその格闘の仕方、付き合い方を環境民俗学は対象とするのである。

たとえば本書の第5章の「風の神と風の三郎」で、風の神をとりあげる。二百十日、二百二十日などと呼ばれる九月の頃は、台風をはじめとして強い風が吹き、その結果、稲の開花や、田植えが早くなった昭和期以降は穂ばらみに深刻な影響を与える。どうすればこの強い風を防ぐことができるだろうか。本書でも紹介するが、たとえば技術的には、山梨県のある地域では「風切り松」と呼ばれる防波堤のような松並木を植林して風の力を弱めたりしている。けれども、それだけでは不足である。風そのものにお願いをせざるを得ない。ここに風の神が登場することになるのである。

覚めた言い方をすれば、自然の神とは自然そのもののシンボルのことである。シンボルがあるとコミュニケーションをするのにとても便利だ。イエス・キリストと対話をしたいと願うとき、十字架というシンボルに向き合うのと同じである。

環境民俗学は環境問題が深刻になってきた時期に、環境を民俗学の立場から考えることから始まった。そのため、たとえ自然にかかわる文化事象を淡々と記述していても、研究意識の背景には、つねに環境の劣化についての関心が存在しているといえる。

先述の本を出してから二〇年以上が経過した。その間にシンポジュウムや原稿依頼のかたちで環境民俗学についていろいろ考える機会をいただいた。それらのうち、自然の神に関する論考、および出版にあたって書き下ろした論考を統合し、まとめたのが本書である。

鳥越　皓之

自然の神と環境民俗学　目次

本文における引用文献のページナンバーは、後に書物になって所収された場合（文献欄でカッコで示している）、オリジナル論文のページナンバーではなくて、後の所収論文のページナンバーに統一した。

Ⅰ　民俗学にとって環境とは

第1章　環境と民俗学

1　民俗学の方法論

この章は話し言葉でなりたっている。「成城大学民俗学研究所」で開催された公開講演会にもとづく稿だからである。その内容を読み返してみて、「自然環境を民俗学がどういう視点からとらえたらよいか」というむずかしい課題を、自分なりにわかりやすく丁寧に説明できたように感じている。話し言葉のため厳密性に欠ける欠点をもつ面はあるが、大きく全体像をとらえやすいという長所をも備えていると考える。そこで、本書の冒頭にこれを置くことにしたい。

民俗学の積極的役割

自然の環境が破壊されることが多くなりました。その事実が一番の原因かと思いますが、現在、「自然環境の保全」について真剣に考えてみようと思う人が増えてきました。これを民俗学から考えるとどういうことになるのでしょうか。

民俗学はさまざまな現代社会の問題に対して、有効な解答のできる可能性を方法論的に備えていると思います。とりわけ環境の問題についていては、民俗学が発言すべきものを多くもっているように私は思っています。そこで、民俗学は環境問題にどういう面で貢献ができるのか、ということについて考えたいと思います。

周知のように民俗学は、しばしば「過去の古いものを研究する」と通俗的には思われています。けれども、つねにそれぞれの時点での人びとの生き方に寄り添うかたちで研究に取り組んできました。その基本姿勢がこの環境問題に対しても有効に機能するのではないかと私は思っています。

日本政府も国際機関も、環境問題を解決する基本的な思想・論理の立て方はエコロジー論にのっとっています。ここで「エコロジー論」というのは、大学でいえば理学部生物学教室の一講座としてよくある「生態学」(ecology)という研究分野がありますが、そういう厳格な学問の体系の意味ではありません。そうではなくて、その発想を借用して、それを現代の環境なり環境問題に適用していこうという考え方を意味すると思ってください。それはマスコミでよく登場するエコロジーという表現のことでもあります。

そのため、アカデミックな「学」と区別して、後ろに「論」をつけました。エコロジー論とは「自然生態系を守る」ということをもっとも重視して、そこに人間が介入(山に入って木を伐るなど)することをとても嫌う考え方です。

環境保護運動においてこのエコロジー論を使って説明することがたいへん多くみられます。つまり、環境問題に対峙するときの主流の考え方というのがエコロジー論というわけです。ですから、この主流の考え方の影響を受けて、一般にエコロジカルな発想に立たない人たちを、環境を大切にしない、ややよくない人たちと考える傾向が無いわけではありません。

たとえば、エコロジー論を批判する私の主張を学んだ教え子が国家公務員I種のペーパー試験にたいへん良い成績で受かったのですが、環境省での面接のときに「その考え方は、私たちの考え方とは違いますと言われて、数分ほど話をして駄目になってしまいました」と私に報告してきました。それが採用されなかった本当の原因かどうかはわかりませんが、環境省もエコロジー論に立っていることは事実です。

エコロジー論は、自然が形成するエコシステムを、つまり、エコロジカルなシステムを、どう保証するかというところに関心があります。基本的には「人間が関与しない完結した自然をどのように保証するか」という発想をとりがちです。このエコロジー論が現代社会の環境論ではいわばメジャーな発想なわけです。

ところが民俗学というものは、あきらかに反エコロジー論の立場であると私は思っています。柳田国男の著作のなかにも探せばエコロジカルな発想もあるのですが、その基本思想からみてみると、民俗学はあきらかに反エコロジー論的です。

しかし、あきらかに反エコロジー論的でありつづけているからこそ、その意味を積極的に考える価値があるのではないでしょうか。つまり民俗学が、固有の意味をもってくるのではないか、と私は考えています。

民俗学の立場とは、反エコロジー論的なのだけれども、といって宅地や道路のために土地の開発を積極的に推し進めるのでもない。ただ、開発をある程度肯定するのです。それは、いわゆる「エコロジー」対「開発」、すなわち「エコロジカルなシステムを保証する環境保護」対「エコロジカルなシステムを破壊する開発」という図式にはきちんとあてはまらない考え方です。そのようなものを民俗学は思想的にも実際の研究史的にももっている。それは何なのでしょうか。

エコロジー論でも開発論でもない

言い方を換えると、環境問題という現代社会の深刻な問題に、民俗学はどのような積極的な役割を担っているのかということを、ここで考えることになると思います。

ところでそもそも民俗学固有の方法論はどういうものであろうか、ということをまず押さえておく必要があると思います。すなわち、エコロジー論ではない開発論でもないといったときに、では民俗学は、とりわけ環境にかかわってどういう積極的な方法論をもっているのかということを押さえておく必要があるのです。

民俗学の方法論として非常に有名なのは「周圏論」とか「重出立証法」とかいうようなものです。私は学部での専攻は民俗学でしたが、その頃がクラシック民俗学の最後の時期であったかもしれません。よく覚えているのは私が卒業論文を書くときにご指導くださった直江広治先生。この先生は「屋敷神の研究」で優れた成果をあげられた先生ですが、その先生に、「鹿児島県のトカラ列島を調査地にしたい」と言ったら、それは駄目だと注意を受けました。それはなぜかというと、「民俗学というものはいろんな場所を歩き回って重出立証法的な方法（たとえば「屋敷神」についての全国の事例を集めて分類し、その変遷過程をあきらかにする方法）にもとづく学問だ。君がその一か所だけの研究をするのは勝手だが、それは卒業論文ではない。つまり卒業論文は、民俗学の方法を学ぶ場である」と。

じつに正論ですね。そういう理由で、狭い一か所の地域の調査では駄目だと言われたのがたいへん印象にのこっています。ただ私より先輩で、助手の宮田登さんとか福田アジオさんなど多くの院生がおられて、それが「先生の言うことは無視しろ」という悪い知恵をさずけてくれる心強い人たちだったものですから、別に先生を無視する気もなかったけれど、結局はトカラ列島一か所だけを調査しました。

結果的には先生も渋々だったかもしれませんが認めてくださいました。つまりその頃から民俗学も変わっていったということです。

生活の立場の重視

環境にかかわって民俗学の有効で使いやすい方法論を次に述べようと思います。わかりやすくするために、例を挙げて説明をしたいと思います。

その方法論は、たいへん素朴にいえば、それぞれの「生活の立場」を一番重視することから出ているように思います。基本的に、現象のバックに生活の立場があるという認識です。

そのことを説明するためにどんな例を出そうかと考え、ここに選んだのは「嫁盗み」の例です。嫁盗みというのは、結婚対象の女の人を盗むという話です。数年前に中国でニュースになっていましたが、女の人が足りないのでどこからか盗んできて夫婦にさせるという方法で、結婚したい男性には便利な話ですけれども、しかしたいへん不条理なことですね。

ところが日本の嫁盗みはそのような実態ではないし、民俗学の研究が教えてくれるのは、そのような解釈は成り立たないということです。それは具体的には家論から論をたてていきます。日本の場合は「家」というものが存在して、その家が経営の単位です。家の経営は主要には農業、もちろん漁業や商業であってもいいのですが、家は経営の単位としてたいへん重要な意味をもっています。

これは平たくいえば家そのものが会社みたいなもので、経営をしていかなくてはならない。ということで、新しい奥さんを入れるときも、惚れたはれただけで入れるわけにはいかない。つまりその女の人は、将来的に家経営のナンバー・ツウになる人なのです。突然に、しかも比較的若くしてナンバー・ツウに入れてもらえるわけですから、ものすごいハードトレーニングが必要なわけです。

商家を例にとってみても、男の子は丁稚・小僧というところから始まっているのに、突然ちゃらちゃらな女の子がスポッと入ってきて、ススッとナンバー・ツウにはい上がっていくわけですから、これはたいへんなことです。

だから姑さんは嫁にものすごいハードトレーニングをするわけです。これは当然だと思います。放っておいたらナンバー・ツウの能力に至らなくて使いものにならないわけですから、ハードトレーニングをする。それが一部では誤解されて「嫁いじめ」と言われるものですね。

しかし、ハードトレーニングをするにあたっては、基本的にそれに耐えられる能力のある女性でないといけない。能力というのは大きい商家ですと読み書き、それから農家でもすこし上の方にいきますと、昔は代官所などの役人とも付き合わなければいけませんから、そのときに奥さんはどの位置に座ってどういう挨拶をして、ということを全部知っているようなそういう教育を受けた人。あるいは、やや大きな家ですと、夫は親分・親方としての役割をもちますから、親分・親方の女房はどういう対応をすべきかを知っている人。これは今の相撲部屋を考えてもらったらイメージしやすいと思いますが、若い衆をどうコントロール（制御）するかということも含めた能力が要求されるわけです。

原則論でいうと、そういう人と結婚しなければいけないにもかかわらず、男心というものはおかしなもので、理性に満ちた判断をしないで、「あの娘と結婚したい」と言ってしまう男の子が昔も当然いたのです。そうすると結婚したいと思った娘が、能力としては望ましくないといったことは、たいへんしばしば起こるわけです。

家としてはきちんとした人を選ばなければならない。安易に家制度を、あるいは結婚制度を崩壊させますと、人びとの生活がガタガタになってしまいますから。つまり、家の経営そのもの、また、その家が中心となっている村そのものもガタガタになってしまう。家制度はきちんと守らなければならないということです。

しかし、ここからなんですね、「嫁盗み」という解釈がいきいきしてくるのは。「しかしながら」というのがあるわけです。しかしながら、人間は何のために生きているかというと、つまり、何のためにこのように家制度をきちんとしたものにしているかというと、ひとりでも餓死しないように、少しでもみんながハッピーに生きていくために家制度をつくって守っているわけです。平たい言い方をすると全員が、村だったら村の構成員全体、家だったら家全員がハッピーになること、もっと広くは世の中の人たち全員がハッピーになることが目的なわけです。生産量が少ない、またしばしばハンディをもってしまった人を抱えざるを得ない厳しい条件下において、それを実現させるためにきちんとした家制度を設置せざるを得なかった。

となると個別的には矛盾に出くわすことがあるわけで、そのときにどうするかという話なんです。つまりこの二人は恋愛でくっつけさせないとしようがない。親もその方が息子のためにはハッピーかなとは思っても、あるいは娘のトレーニングはその娘の生まれつきの能力から想定して後でなんとかなるかな、と思っても、家制度上は「じゃあ、結婚したら」と親が言うわけにはいかない場合があるのです。

そのときに若者組が関与して、このお嫁さんを盗むわけです。それは結婚相手のところに娘を連れていくためです。お嫁さん候補の人自身も、表向きは「きやー」とか言って盗まれるかもしれないけれども、自分は盗まれてどこに行くかを知っているし、いつ盗まれるかも知っている。

昔は村では若者組はたいへん強い判断権と権力をもっていました。若者組が動いたことだから、親も表向きは怒っているけれども、これはやむを得ないこと、親戚も納得してくれるだろうということで二人の結婚を許してしまう。つまり、「制度化された非常手段」なんです。非常手段が制度化されている。

もちろんこの嫁盗みはそれ以外の解釈も場合によって成り立つかもしれないし、民俗学の研究というのもいろんな説が当然あるわけですが、これは一つの主要な解釈としていわれていることです。つまり、人びとの「生活の立場」を一番基本に置いて論を立てている良い例だと思います。

民俗学はどういう解釈で論理を立てているのかというと、オーソドックスな人類学がそうしていたように、嫁盗みを他の民族との比較のなかでこういう特色があると説明するのではなく、その現象をそのときの生活のなかに置いてみる。生活のなかに置いて、そこを掘り下げていって、ある種の解釈をする。こういう方法が民俗学の一つの、しかも非常にしばしばとる基本的な方法論なわけです。

このように民俗学の方法論をみてきたわけですが、それをふまえたうえでその論理を今度は環境問題あるいは自然環境のところに当てはめていったときに、どういう解釈が成り立ってくるかということをつぎに話したいと思います。

2　自然環境をどうとらえるか

自然に対する二つの独自の見方

民俗学が自然環境に対したときの、自然というものの解釈は「自然の奥に生活がある」というものだと思います。つまり自然と人間は対立するものではなくて、自然そのものを人間が差配する。差配とはコントロールの意味です。この考え方が一つの特色であるかと思います。

ここで言いたいことは二点あります。一つは「自然の奥に生活」が存在するとはどういうことかということ。それは先ほどの民俗学の方法論を使いながらの説明となります。

もう一つ言いたいのは、その延長線上に「人間が自然を生かす」、あるいは「自然に華やぎ」をつくらせるという現象を民俗学の側から指摘できるということです。この辺に入ってくると冒頭で述べましたエコロジー論とは全然違う世界が、つまり自然に対する独自の見方がひらけてくるわけです。この二点について以下に述べようと思います。

自然の奥に生活がある

まず、「自然の奥に生活がある」という例を出そうと思います。人間が淡水魚であるコイを捕るという漁撈で考えてみましょう。コイは食べておいしいので、昔から貴重な魚でした。村落空間などを想定してもらえばよいのですが、ある場所でコイを捕獲すると泥棒と呼ばれる。けれども、別の場所でそのコイを捕るとうらやましがられることがあります。

その人間が捕った場所によって、そのつかまえた人の評価が分かれるということは、泳いでいるコイ自身にはわからない。つまり自然であるコイは、ただ無邪気に用水路や田の出入り口を泳いでいるわけですね。ところが、村落間でも村落内でも、場所場所によって、ある権利をもったり、もたない集団や階層、年齢の人間がいるわけです。

そのような区別は人間の解釈です。ある人が決められた範囲内で魚をつかまえるのは権利があっていいけれども、その人が権利以外の場所で魚をつかまえたら泥棒と呼ばれたりします。もちろん泥棒といっても、法律違反ではなくて、生活のルール違反ですから、警察に捕まるのではなくて、「あの人もひどい人だ。ああいう人がいるからこの地元はめちゃくちゃになるんだ」と悪口を言われるわけですね。

たとえば冬季にムラの中のどこの田んぼでもそこの泥をかき分けてドジョウを捕るのは子どもには許されているけ

れど、大人がそれをするとマズイのですね。あるムラでは貧しい家の子どもたちがそのドジョウを売って、文房具などを買っているわけで、それがルール化されているのに、現金が入るという理由で大人が捕るのは許されないのです。

こういうことがじつは、私たちの生活のなかでの自然(コイ)とのつき合いにおいては当たり前なんです。都会のマンションや新興住宅地に住んでいる人たちは、こういう関係があることをあまり知らない。しかし現場を歩いている民俗学者は、このような地元のルールの存在を常識に近い知識としてもっています。

自然を人間がどのようにとらまえるべきなのだろうか。つまり、自然のとらえ方によって環境政策は変わってくるわけです。じつは自然というものは人間とこういうかたちの付き合いをしているんですよ、という付き合い方を知らずして、その当該地域によかれと思って、行政など外部の組織が環境保護計画をたてて実行しようとしても無理が生じるわけですね。たまたま例をコイにしましたけれども、これは何でもいいわけです。

ここは大切ですから、明確に理解してもらうために、もうひとつ別の例を出しましょうか。

一本の柿の木があります。私たちは家の庭からちょっと塀の外に出ている柿の実があっても採らないようにしますね。屋敷地の柿の実をジャンプして取ることは、いたずら小僧ならやりますが、普通の人がやったら変人です。「あの人も変わった人だな」と思われますね。

ところがその柿の木がたまたま道とか水田のあぜ道に立っていて、うまそうな実がなっているとわれわれは迷います。その辺になると迷う。これが山の中に分け入って、たまたま柿の木にうまそうな実がなっているのを見つけると「しめたな」と思って躊躇なく採りますよね。

本当は、山にも法的には所有者がいるにも拘わらず、山で見つけたものは、柿であれ、アケビであれ、山の芋であれ、見つけたものの所有になるというそのような価値観を私たちはもっています。ハイキングに行って自分の友だちが山で柿の実や山菜を採っても「そんな泥棒をしたら駄目」とは言わない。それが正常な感覚の人で、それを採らないでおこうと思うのは道徳的に良すぎるわけです。

そういう国の法律ではない暮らしのなかのルールを私たちはもっているのです。自然に対してそのような誰しも持っている共通のルール。たまたま植物と動物を例に挙げたわけですが、すべてのものにそういうルールがあって、地元で生きている人たちはそのようなルールを前提として日々を過ごしている。

「自然の奥に生活がある」という言葉のニュアンスは、自然システムというレイヤー(層)の下にそのような暮らしのルールというレイヤーがあるということなのです。つまり人間はあるルールを守りながら自然のなかで生活をしているわけです。それはそこに暮らしてきた人間の代々の知恵で形成されてきたものです。

それに対し、自然と人間とを対峙するものとみなすのが、エコロジー論です。この論によって成立する環境政策は、次のようなものが典型です。

たとえば、ここに村などの人間居住空間があって、その外側に山などの自然があり、そこにヤマネコが棲んでいる。そのために、この自然を守らなければならないとします。エコロジー論にもとづいた政策では、人間の居住域と山との間にライン状の緩衝地帯(厚いフェンスの役割をはたす、それを西表島では「共生地区」と呼んでいる)と呼ばれる空間をつくって、人間とヤマネコの生活が相互にかかわらないように注意します。つまり、エコロジー論は、人間と自然を断ち切って自然を守るという発想を基本的にはもっています。

ただエコロジーという学問になりますと、複雑でさまざまな考え方があります。人が耕しているので人工の空間となっている田んぼの中の生き物を研究している人もいますし、また田んぼがあることである種の昆虫が逆に増えてくる、魚が増えてくるという研究をしている生態学者もいるんです。けれども、エコロジー論としては、基本的に自然と人間をできるだけ断ち切るという発想をとるのが一般的です。

アメリカとモンゴルの例

自然の空間と人間の居住空間とを、どのように断ち切るか、という切り方の問題ですが、アメリカなどではグルッと囲むのが大好きです。たとえば、鳥のサンクチュアリー(保護区)というものがあります。アメリカでは、沼や草原や林から成り立っているサンクチュアリーは金網のフェンスで囲んでいることが多いようです。その中へは人間は入れません。フェンスの位置に造った小屋からガラス越しで鳥の生態が見られるようになっています。このように区切ることこそが自然保護の一番望ましいかたちだとみなしているようです。

このように囲むと人間が入らない純粋の自然が守られることは事実です。日本でも、この種のエコロジー論が、学校教育のみならず、行政、自然保護団体、マスコミなどで強固に生きています。

私がどうしてアメリカの例を出したかといいますと、現在の世界の環境政策は、国連の名の下にアメリカが発信しているからなのです。そしてアメリカの環境政策であるグルッとマルで囲んでその中の自然を保護するという形式のエコロジー論を積極的に推進している国であるからです。

そのおかげで、こんなものばかりが世界のあちこちでつくられることになります。私がすぐに思いつくのは、一九九〇年代のことですが、かつて調査をしたモンゴル共和国の例です。モンゴルにも二三か所、こういう地図上で丸く囲んだリザベーションエリアをつくる計画が、私が調査した当時にありました。それは、全部合わせるとポルトガルの広さに匹敵するのです。これは国連がやっているのです。でも調査し、プランを出したのは国連調査員の多くを占めるアメリカ人だったようです。そして「このリザベーションエリアに人間は入らないようにしよう。そうすると白豹とか珍しい動物やそれと植物が保護される」という提案なのです。

モンゴルは外貨が少ないからエコツーリズムの拠点にして外貨を稼ぎたいと大統領が言いました。そういうことで外国からの観光客はこのリザベーションエリアに入れるけれども、現地の人は入れない。

私はモンゴルに行ってそれを聞いてびっくりしました。ひどい発想だなと思いました。つまり、アメリカ人の環境の専門家がとりくんできた自国のアメリカは、土地がいっぱい余っているのです。デナリ国立公園のような一つの小さな州くらいの自然公園をつくってもいけるような国です。だからそういう発想ができる。モンゴルも彼らの発想では広々としているのですけれど、でもその国の産業は農業ではない。遊牧なのですよ。遊牧は、広々していないとできないのです。モンゴルの場合は人口と家畜の数からすると、牧畜業としては、じつはギリギリの広さの面積なのです。ポルトガルの広さに匹敵するようなリザベーションエリアをつくってしまうと、現実に国連の名の下にもうつくって援助も出ているのですが、つくってしまうと、何が起こるかというのが、どうしてわからないのだろうと思って不思議に感じました。

モンゴルでは遊牧民は、牛とか馬とか羊とか鹿とかラクダとかを飼って、遊牧させています。遊牧民の特色は、家畜を移動させるということなのです。ところが移動しているとリザベーションエリアにぶつかってしまってそれ以上は進めない。それで「過放牧」という草の不足の問題が起こり始めています。もっとも、この過放牧が起こる前から、車を使い始めることで草原は破壊が進んでいたのです。車は草地の平地を走ります。平地は起伏の一番下のところで一番栄養分のいい場所なのですが、そこを車が走るわけです。傾斜地は栄養分が良くなく、あまり草が生えていないのですが、そこは斜めなので車は平地を走るのです。

こうして草原破壊が始まっているのに加えて、環境保護の名目でこんなものをつくり始めたのですからたいへんです。私が主に調査した一九九三年当時、ウランバートル市を四万のゲルが取り囲んでいました。そこではすでに深刻な都市公害が始まっていました。ゲルというのは、遊牧民のテントのような家です。遊牧で生活できなくて、人びとが都市に向かってきたのです。

つまり、このような環境政策では、過放牧によって遊牧民は貧困化しますから遊牧民の都市集中が一層加速化します。こんなとんでもない都市集中をひきおこしてしまうというのが、エコロジー論にのっとった誤った政策の例です。

私からいわせると、地元の人びとの生活を知らない人が、自分の国で行った方法を単純に成功例として他の国にもっていってそれを実行することに問題があります。そしてたまたま不幸なことに国連なり国際機関で一番力をもっているのはアメリカで、アメリカがエコロジー論のメッカともいえます。そして日本政府の環境省でさえも、みずから進んでこのアメリカ型のエコロジー論を受け入れ、政策や教育を通じて日本で適用しているのが現状なのです。

民俗学が発言できる分野

エコロジー論の悪口ばかり言っているように聞こえますが、もちろん良いところもあります。しかし、ある特定の空間に人間が入らないというようなことは、場所によってはよいかとは思いますが、こんな政策を一般論でもって世界のどこにでも当てはめようとしたらたいへんだということを言いたいのです。現に日本の森林を、エコロジー論を使って守ろうという運動をしている人たちがいます。青森県と秋田県にまたがる白神山地がその例の一つです。日本の森林もエコロジーに基づいて人が入らないようにしないといけない、と。

しかし、ここからがまた民俗学の発言できる分野です。日本の森林でまったく人が手を加えていない森林、いわゆる原生林というのは何パーセントくらいだとお思いですか。計算してみたのですが、どんなに多く見積もっても全森林の二パーセントです。人がまったく手を加えていない森林というのは厳密にはおそらく〇・五パーセントぐらいだと思います。最大まで譲ったところで二パーセントです。この二パーセントのために日本がエコロジー論的発想の森林政策をとったらめちゃくちゃになります。あとの九八パーセントはどうなるの、と。

つまり日本の場合、森林にていねいに手を入れていくことで森林が守られてきました。農村を研究している民俗研究者なら誰でも知っていることですが、地元では山に人の手が入らないことを「山が荒れた」という言い方をします。村の近くの里山とやや奥の奥山とでは対応が違いますけれども、それぞれのやり方で手入れをしてきたわけです。人が入ってはいけないということになれば森林はどのようになるでしょうか。

ところで私は、人間というものはいろんな考えをもつ人がいて、一様でないことはいいことだと思います。だから一番過激なエコロジストであるディープエコロジストがいるというのもいいことだと思うのです。多様な考え方の人がいるということはいいことだから。ただ、個人的に思想をもつことと政策とは別なわけです。

話をもとにもどしますと、日本の森林政策は変えないと、とんでもないことになってしまう。政策を変えるためには、エコロジー論が正論であって他は俗論であり、「俗論」というのはやや悪い論理である、という発想は少なくとも変えてもらう必要があります。

先ほど言いましたように、もちろんエコロジー論も、あるところでは有効な場合がないわけではない。神社林などにはそれが適応できると思うのです。しかし全体を考え、どうするかというときに、エコロジー論をメジャーなところから引きずりおろさないといけないのではないかと私は思っています。そしてこれに代わる有効な政策として、民俗学の論理がかなり意味をもつのではないかと今の私は考えています。

ここまでは、自然の奥に生活があるということを説明し、そして具体的にとられている政策について話をしたわけです。最後に政策ではなく、民俗学の風景論にあたるところに話を進めたいと思います。人間が自然を生かす、あるいは自然に華やぎを与えるという話を、桜を例にとって説明したいと思います。その具体的事例は、本書のⅢ「山への信仰と花見」で示すことになりますので、ここではおおよそのイメージの提示になります。

3　人間が自然を生かす

桜を通じて風景を考える

日本人が積極的に自然に関与していった例として、桜というものがよい例ではないかと思います。桜で伝統的な歴史があり有名なのは、奈良県の吉野山の桜でしょうが、そこは山桜が主です。他の地域では、たとえば上野の桜はほぼ百パーセントがソメイヨシノでしょう。このソメイヨシノは、里桜と呼ばれている種です。桜には山桜と里桜があるのです。

じつはソメイヨシノをはじめとして、桜の多くは雑種であって、人間の手が入って加工されていることが多いものです。ソメイヨシノがもてはやされたのは山桜と異なり、パッと花がたくさん咲いて、花びらだけで、葉っぱは見えない方がいいと考えた人が多くいたからでしょう。それがいいと思った人がいたからこそ、公園などの公共の場所にそれが好んで植えられるようになったのでしょう。

たしかに桜というものは、他の植物に比べて、人間に変えられている側面がたいへん強い植物です。ただ人間は桜の品種の改良だけではなく、どこに植えるかということに対してもたいへん深く関与をしてきました。

小学校などでは、大正期だったと思うのですが、明治の末からかもしれませんが、意図的にソメイヨシノを植えていきました。われわれが立ち寄る公の場所には、ソメイヨシノが植えられつづけました。現在もこの発想は変わらなくて、何か公の場所ができると、つまり小学校・中学校・高等学校や、公園、河川改修された川の土手などができるとソメイヨシノを植えたがっています。

この〝病気〟とも呼べるクセは伝染をするようです。モンゴルで学校を造るときに、日本は資金援助をしましたが、それだけでなく、日本からソメイヨシノをもっていって学校に植えています。すごいことだと思います。さっきはアメリカ人の悪口を言ったけれども、日本人も深く考えずに自分たちの考えを外国に輸出していますね。もちろんそれは〝好意で〟なのでしょうが。

それから満州鉄道のケースがあります。日本人が中国で鉄道を造りましたね。その鉄道沿いにずっとソメイヨシノを植えようという計画があって、数は忘れましたけれどもすごい数です。二千や三千ではないです。そこに植えるために京都で栽培をしていたのです。

こんなふうに、鉄道のまわりや川の周辺にソメイヨシノを植えようと、日本人はワッサワッサとやって、日本が進出した国にもソメイヨシノを植えていくという発想がありました。現在では日本の植民地もなくなりましたので、それは止みましたけれども、かたちを変えて、今言った援助国のモンゴルの小学校や公園にソメイヨシノを植えようとしています。

さて、話を本題にもどしますが、柳田国男が書いている文章に「瀬戸内海で汽船に乗っているとおもしろくない。なぜかというと各島々は墨絵のように黒いだけだ。そこにもし彩りがあったらどんなに旅人を楽しませるだろう。だからそういう心遣いを持つべきである」と、そういうニュアンスの文章がありますこれが今までずっと述べてきた民俗学の固有の主張ともなる「自然を生かすべきだ」という発想に結びつくと思われます。つまり、自然というものは見て楽しむものだし、自然そのものがもっているよりも、もっと華やぎを与えることができる。それはいいことだという考え方が柳田などにはあるように思います。

これの具体的な例は、本書のⅢ「山への信仰と花見」で吉野山を使って説明をします。

美しい村

結論に入りたいと思います。柳田国男を何度も引用しながら話をしていますが、柳田に「美しき村」という論文があり、こんな言葉を述べています。「村を美しくする計画など無い。良い村が自然と美しくなってくるのである」。これはすごくいい言葉だと思います。「良い村」はというと、これはやはり生活ですね。

きちんとしたいい生活をするところが自然と美しくなるのです。ところが過疎農村に行きますと、観光を目玉にして村を活性化したいというところが少なくありません。そこでうんざりするのは、観光というのは美しい景観をつくるということだと考えて、つまり、美しい景観から入ろうとするのです。

ですが、柳田国男の考え方でいうと、自分たちの住み方をどうしようかという討議をしないで観光でお金儲けをしようというのはおかしいわけです。つまり自分たちの生活をきちんとしていくことが自分たちの美しい景色というか、景観をつくる。その場合の景観というのは、たんなる自然景観だけではなく、そこに住んでいる人間の行動、暮らし、すべてを景観とみたらよいと思うのです。そういう美しい景観というものを、きちんとした生活がつくっていくのだということが、ありふれたことですが、おそらく環境を考えるところの極意のようなものではないかという気がしています。私は沖縄県の竹富島が、生活を大切にすることによって美しい景観をつくっている好例かと思っています。
以上、私がずっと話してきたことは、ほとんどすべて民俗学の知識です。民俗学を勉強していると、なにやら古いもの探しの人にみられたり、「趣味でやっているんですか？」ということをよく聞かれるし、趣味でやっていてよいとは思うのですが、しかしながら、こういう知識がエコロジー論と決定的に対峙できること、思想的に政策的に有効な論理をつくることができるということをここでは言いたかったわけです。このほとんどは、私どもの先輩が調べてくれたことで説明しましたが、おそらくもう少し意図的に環境民俗学の勉強をする人がいてフィールドに出ていけば、さらに、民俗学の知識を積極的に政策につなげる理論が生まれ、そしてそれは、一つの思想になってくると思うのです。

〔付記〕本章は「環境と民俗学」（『民俗学研究所紀要』二三集、一九九九年、成城大学民俗学研究所）を加筆訂正したものである。なお、これの公開講演会は、一九九八年六月二十七日におこなわれた。

Ⅱ　山の神・水の神・風の神・雷神

第2章　自然の神々とはどのような神々だろうか

自然と民俗学

自然と人間との関係については、さまざまな考え方が成り立つ。自然科学の分野の考え方もあるだろうし、経済学や社会学の考え方もあるだろう。では、民俗学は自然と人間との関係をどのような固有性をもってとらえようとしてきたのだろうか。

民俗学は周知のように、民俗学者が自分自身の価値観を示すよりも、一般の人たちが代々どのように考えてきたのかというところから論理を形成する。

自然は、自然そのものを総体として把握することはむずかしい。そのため、自然科学は自然をできるだけ細かな要素に分解し、その要素から論理を立てる方法を使っている。まず植物や動物などの分類をする。前の章でとりあげたコイは三〇〇〇種ほどに分類されている。そしてその分類された種の生態系やその構成要素(たとえば歯、コイの歯はどのような機能をもち、また変化してきたかとか、また最近のＤＮＡ研究など)等を研究している。それはそれでたいへん重要な研究である。しかし、ひるがえって、「自然とはなにか」という問いに対しては、自然科学は答えるのが苦手である。要素主義(elementalism)であって、総体を考える全体主義(holism)ではないからである。

ところが、人びとの生活では、自然をザクッと全体的にとらえる傾向にある。では、どうすればよいのだろうか。

たとえば、今年は雨が少ないので、目の前を流れている川の水量をもっと増やして欲しいと望んだときに、どうすればよいのであろうか。もちろん、上流に堰を造ったり、ため池を造ったりの技術的工夫がある。けれどもそれでも対応できないときがしばしばある。

問題は、直接には目の前の川そのものと、お願いのコミュニケーションができないことだ。そこで、人びとは自然の象徴としての神をつくった。水の神、山の神、日(火)の神、雷神などさまざまである。そしてそれらの神の祠などをつくれば、それらの自然とコミュニケーションできる回路が成立するわけである。この自然の神の研究を民俗学は担当してきたのである。

農業にかかわる神々

自然の神々とはどのような神々だろうか。私たちの国は農業国でありつづけた。そのため、大切なものとして意識された自然の神とは、農作物の作柄に影響を与える神々であった。

私たちの国の農業は水田稲作を主にしている。この水田稲作において、いつも苦労が絶えなかったのは水不足であった。そこでふつうに考えれば当然のことながら、水の神がもっとも強く意識されたと想定される。その想定自体、間違ってはいない。けれども詳しく調べてみると、水の神は農業で大切な「灌漑用水としての水」を差配する役割としては、副次的な位置に置かれている。じつは、瑞穂の国の水の本源を差配する神は山の神であった。

遠い昔、この瑞穂の国に日照りがつづいたときに、天皇は雨乞いの使者を神社に派遣したことが知られている(『日本書紀』『続日本紀』など六国史による)。その代表的な神社が吉野山の頂上に位置する芳野水分峰神(現在の吉野水分神社)である。吉野山は伝統的には山の神が差配する山である。吉野山ではのちに仏教が入ってきて、山の神と仏教の争いが生じ、仏教が勝ったことになっており、その象徴である金峯山寺は吉野山では重要な寺院である。

けれども、地元ではいまだ山の神に対する信仰が強い。山の神に花（ときに柴）を供える習俗は、日本の全国にみられ、吉野山にも山の神に花（桜）を供える習俗は絶えることなくつづいているのである。それが吉野山を桜の山にした原因である。このことについては本書のⅢ「山への信仰と花見」で詳しくとりあげる。

山の神研究で著名な堀田吉雄はつぎのように述べている。

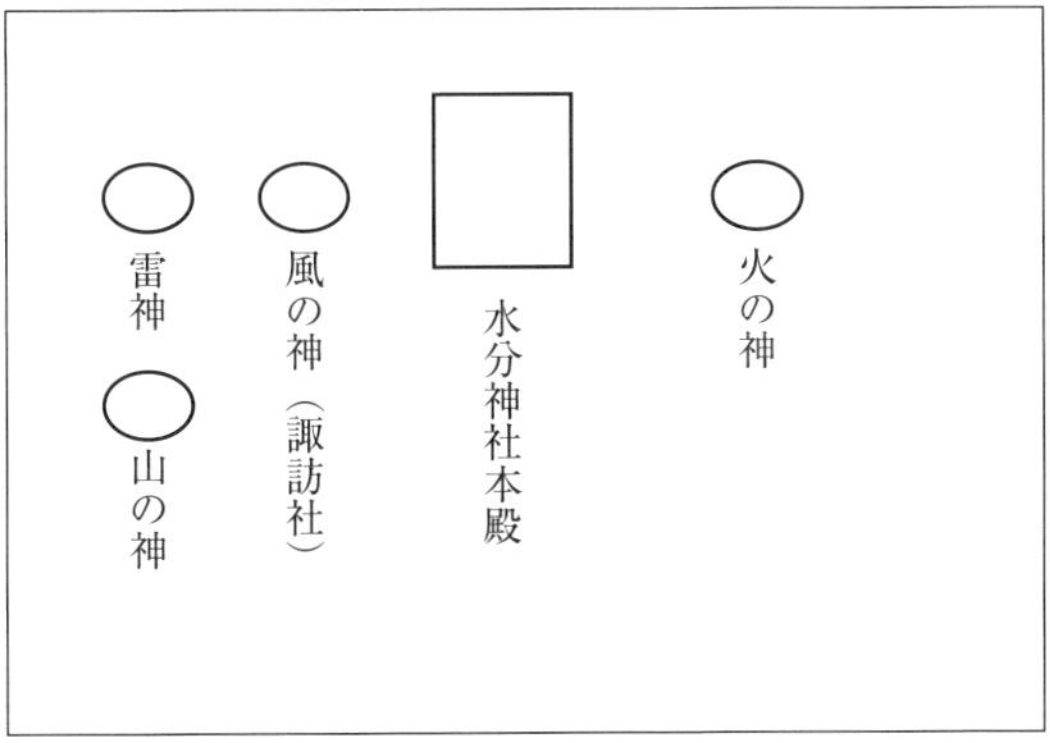

図2－1　水分神社境内の配置図

山の神の祭場を見ると、古い時代ほど、山頂付近の高い場所に、依代の御神木や巨岩などが好適な場所であったらしい。それが時代の下降と共に、山の中腹まで降り、やがては山麓の山口に祀られることが多くなった。延喜式には、山口神社とか、山口坐神社というのが畿内にはずいぶんと多く見える。特に祈雨の神であったことがうかがえる。

（堀田、一九六六、一六八頁）


このように山の神は、自然の神々のなかで先ず注目すべき神なのである。ただ、平地の農民は、山の神の代わりに水の神を中心においている場合が少なくない。

農民にとっては、いわゆる五穀豊穣のために、自然の神々がすべて大切なのは言うまでもない。それらが神社の境内のなかで、きれいに配置される場合もある。たとえば福島との県境、宮城県刈田郡七ヶ宿町関にある水分神社は、名のとおり水神を祀る神社である。

この神社の神々に注意を向けて欲しい。その境内の両脇に図2―1のように右から火の神（日の神）、水の神、風の神（諏訪社）、雷神、そしてその下方に山の神を配置している。なおここでは風の神社ではなくて、諏訪社となっているが、諏訪社は風の神なので、図のような表記をした。

経験的にいって、わが国では水源の山を遠望できる中山間地やそれに接続する平地の農民は、水源の山の神への信仰が強く、山から遠い平地では、ストレートに水の神信仰が強くなる。とくに山から遠い平地では単に水不足だけではなくて、水の災害が多いために水の神への関心が高くなりがちである。

そのように整理すると、図2―1の水分神社の配置図が平地農民の頭の中の農業にかかわる神の配置図ともいえるかもしれない。ここでは水に直接かかわる水の神が中心に置かれているので、山の神は逆におまけのような端の位置に置かれている。場所によっては、この位置が逆転する場合もあるのである。

大切なことは、すなわち、これら五つ（五柱）の神々が農業にかかわる日本の自然の神々なのである。したがって、本書でもこれら五つの神々をとりあげて考えることにする。(1)

祖霊と自然の神々

自然の神々は、中心となる山の神や水の神以外に、風の神、火の神、雷神、田の神、木の神など多様である。ただ、これらの自然の神は民俗学においても、その行事や祭祀はこのようになっているという簡単な研究報告はあるが、独自の深い研究はほとんどみられない。民間信仰の研究においては、柳田国男の研究が際立って注目されており、そこから外れたものは関心外となり、先に挙げた神々でも、小さな民俗学の事典では項目として立てられないことさえある。そして自然神もこの柳田の解釈の枠内に入れられがちである。

柳田はよく知られているように、「祖霊」という概念を軸にして日本人の固有の神観念をとらえようとした（『先祖の話』など）。そこでは先祖が神となったものが祖霊とみなされた。その結果、自然の神々も祖霊の〝変形〟したものとみなされた節がある。
この考え方は柳田国男個人を超えて、以後の民俗学者にその発想が受け継がれていくことになる。このような傾向に批判的な小池淳一の文章を引用しておこう。小池は直江広治の『屋敷神の研究』に対してつぎのような評価を行っている。

すなわち、直江は「屋敷神を祖霊的な性格を持つものとして位置づけている。広い範囲にわたる事例収集や説得力のある類型化など、模範的とも思われる研究方法により、蓋然性の高い結論に達しているようにも思われるのだが、例えば荒々しい祟りを持つ、という面も祖霊の激しい性格に基づくとされたり、屋敷神として祀られていることの多い稲荷神についてもその核に祖霊信仰があるとするなど、あたかも全ては祖霊に通じる、とでも言いたくなるような祖霊一元論となってしまっていることには注意しなければならないだろう。（中略）つまりこうした研究において祖霊は祖型としてのカミ（神）一般を指すものとなってしまって」いる。（小池、二〇〇二、一七二頁）

小池は「注意しなければならない」と謙虚な言い方をしているが、批判的であることはあきらかであろう。現在、少しずつ伝統的な民俗学の解釈に批判を差し挟む論考が生まれつつある。それは丁寧な調査にもとづく資料が蓄積されてきたからである。本書もまた批判的立場に立っている。柳田国男は山の神の事例を通じて、山の神も祖霊であるという論理を有名な『山宮考』で展開した。そのため、まずつぎの章で、事例を通じて、柳田の論理を成立させた山の神＝祖霊論に反論しようと思う。

良い神と悪い神

異人や妖怪研究の小松和彦が大切な指摘をしている。つまり神には良い神だけではなくて、悪い神もいる、という指摘である。その指摘は、言われれば当然のことだが、いわゆる悪い神が含まれる異人や妖怪を研究している小松の口から出ると説得力がある。小松は『常陸国風土記』にみえる「夜刀《やっ》の神」の記事からつぎのような指摘をする。
「夜刀の神」というのが、最初から最後まで一貫して「神」として表現されているということです。災いをなす段階の夜刀の神もその当時の人びとにとっては一種の神であり、麻多智がこの「神」を退治したあとその霊を社を作って祀ったときも神として述べられております。ですから、この記述のなかでは、この当時の人びとが考えるところの「神」というのは、災いをなす怪物のようなもの、人間に危害を加えるものであっても神である、つまり荒ぶる神というわけなのです。（小松、一九八五、二三〇頁）
本篇では、良い神の典型として水の神、悪い神の典型として風の神というこの二つを詳細な事例を示しながら、検討することにしよう。
ただそうとはいえ、本書で後に述べるように、人びとが生活のなかでカミというとき、それは基本的には良い神となっていることに注意を向ける必要がある。

註

（1）ただ、火(日)の神については、独立した章としてとりあげていない。台所の火の神と異なり、農業としての日の神は、日吉神社、日待講や、第6章での天祭などに関連性がみられるものの、独立した章としてとりあげるほどのまとまりがないためである。

参考文献

小池淳一　二〇〇二「祖霊」小松和彦・関一敏編『新しい民俗学へ』せりか書房
小松和彦　一九八五『異人論』青土社
堀田吉雄　一九六六『山の神信仰の研究』伊勢民俗学会

第３章　山の神と祖霊

1　山の神と祖霊は一致するのか

農民の目線

富士山とか出羽三山・立山・白山などの高い山の山頂に山の神の祠がある。けれども桜井徳太郎の指摘によると、そのようなかたちは比較的あたらしくて、もともとは霊山などを遥拝する山麓に宮が設置されていたものだという。そして山の神の鎮座する霊山には結界が設けられ、そこよりも奥へは絶対に入ってはいけないものとされていた。山の神は里から祈り、「里での日常生活の万般にわたり大きな影響を与えている」神であった（桜井徳太郎、一九九三、一一七〜一一八頁）。もちろん山仕事があるので男たちは山に入るが、まず身を清めたり、山の入り口に設置されている山の神に手を合わせてから山入りをする習慣をもっていた。農民たちにとって、このように山の神はないがしろにできない大切な神であった。

山の神が農民にとってたいへん大切な神であったとして、もう一つ彼らにとって大切な霊的存在は、ご先祖、すなわち祖霊であった。前章で述べたように、柳田国男を代表とする日本民俗学は、神さまの大本は先祖であるという主張をもっている。もともと柳田には祖霊だけではなくて、多様な自然の神々のすべては先祖神と結びつくとみなす考えがあった。それを柳田は山の神の事例を使って、実証的な説明を試みた。それは説得力のある考え方ではあったものの、現在の研究のレベルからみれば、実証性に欠けるところがあったとも指摘できる。

そこで以下の節を使って、実証的に柳田の主張に反論をしてみようと思う。そして祖霊と山の神を含めた自然の神々との関係を再考しようとするのがこの章の目的である。なお、実証するにあたって、隣の中国の事例を援用している。

柳田国男の山の神＝祖霊論

最初に、山の神信仰の研究史の分析を通じて、山の神と祖霊は強い関連性を示すものの、この両者はイコールとして結びつけられないものであるということを示す。そして節を改め、具体的な事例を通じて、両者の関連性をあきらかにする。すなわち本章では、柳田の「山の神が祖霊である」というイコール論とは異なる見解を示そうと考えている。

第二次大戦直後の時期になるが、柳田国男は『先祖の話』（一九四六）と『山宮考』（一九四七）で、山の神が祖霊であることを示した。柳田は山の神への関心を一貫して強くもっており、これら二書の発表の三〇年以上前（『山島民譚集』一九一四）に、すでに山の神は春に里に降りてきて田の神となり、秋の収穫以降に山に戻るという信仰が農民の間にあることを指摘している。(1)

じつは、この山の神＝祖霊という柳田の言明は、実証的な事実であるようにもみえるし、そうではなくて、仮説の域を出ないものであるようにもみえる。微妙な表現から実際は成り立っているのである。ただその後、この柳田の言明に強い刺激を受けて、多くの研究者たちが山の神の祖霊（先祖）としての性格について、実証的に証明しようと努めてきた。その過程で、堀田吉雄の『山の神信仰の研究』（一九六六）とネリー・ナウマンの『山の神』（一九六三、訳本一九九四）という大部の書物も生まれている。
柳田国男は『先祖の話』の一節である「田の神と山の神」において、山の神＝先祖という言い方をしている。ただ微妙なニュアンスなので、ここにそのまま引用しておこう。

春は山の神が里に降つて田の神となり、秋の終りには又田から上つて、山に還つて山の神となるといふ言ひ伝へ、（中略）我々の先祖の霊が、極楽などに往つてしまはずに、子孫が年々の祭祀を絶やさぬ限り、永くこの国土の最も閑寂なる処に静遊し、時を定めて故郷の家に往来せられるといふ考へがもし有つたとしたら、その時期は初秋の稲の花の漸く咲かうとする季節よりも、寧ろ苗代の支度に取りかからうとして、人の心の最も動揺する際が、特に其降臨の待ち望まれる時だつたのではあるまいか。（柳田、一九四六、五七～五八頁）

柳田の言い方は「もしそのような考えがあったとしたら、～ではあるまいか」という、たんなるアイデアであって、断言とはほど遠い表現にはなっている。

2　柳田説の受け入れと普及

祖霊が里に降臨する

ただ、学説史的にいえば、このアイデアが柳田の言明として採用されていく。すなわち、柳田は先祖としての山の神が里に降臨するという発想をもっていたと理解されたのである。この経緯を詳しく検証すると、先に述べたように、柳田は早くは一九一四年に田の神・山の神去来の考え方を資料にもとづきつつ、あきらかにしている。一方『先祖の話』では、山の神の性格として先祖があたらしく加えられた。そこがポイントである。ただ、『先祖の話』で述べたこの山の神＝先祖には信頼できる資料にもとづいていないという弱さがあった。

それが理由かどうかわからないが、柳田は翌年の『山宮考』で、山宮信仰と氏神との結びつけをかなり実証的に行っている。神社の行事から山宮祭（山の神の祭り）と氏神祭（先祖の祭り）の共通点を指摘しつつ、山に氏神をお迎えに行く、あるいは山から祖神が降りてくるという考え方を明示している。この書からたしかに柳田は山の神＝祖霊という考え方を、自分としては、仮説ではなくて実証したと言い切っているように想定される。

しかし、その論考を読んだ私の判断では、祖霊が山に宿るという事実は言えるかもしれないものの、山の神＝祖霊という点において、現在の実証科学の水準では、それは仮説と言われても仕方のない、そのような資料と論理の立て方であると言わざるを得ない。(2)ただ、すぐ後で詳しくふれるように、この二書を契機として山の神＝祖霊という考え方が民俗学では一般化していくことになる。

柳田の上掲二書が出版されてからは、民俗学者たちによる山の神＝祖霊を意識しての論考が出始める。だが、実証的な論考を具体的に検討してみると、その結論的な表現はあまり明確ではないことに気づく。それらのなかでも比較的明瞭なものとして、つぎの二つの論考を挙げておきたい。

山の神と祖霊とのつよい関連を模索する

一つは大護八郎のつぎのような表現である。「墓石か供養塔とみられる山の神の石仏は、神奈川県平塚市郊外の観音像とみられる「山神宮」の石像をはじめ、他の地方にも若干みられるが、このことは祖霊との関連において山の神を把えている証拠の一つとなるであろう」（大護、一九八四、二八頁）。また小野重朗は、南の島々には赤マタ・黒マタというような来訪神がいるが、山の神はそれと類似の来訪神としての性格も備えていると述べる。「山ノ神が一方では秘儀的来訪神でもあるということはどう理解すればいいのだろうか。いわれるように来訪神が祖霊であるとするなら、山ノ神と祖霊との関係が問題になってくる。多元的なものが融合したのか、一元的なものの変遷の諸相なのか、今のところ私には解決できない問題である」（小野、一九六四、三四頁）。小野の表現は踏み込んではいるものの、最終的には婉曲的な表現となっている。かれら二人の表現は比較的明瞭ではあるものの、注意深くその表現のニュアンスを再考してみると、かれらは山の神と祖霊の両者の「関連」を指摘しているのであって、両者がイコールであるとまでは言い切っていないといえるのではないだろうか。(3)

そういうなかで、ネリー・ナウマンはいくつかの事例を挙げた後で、「幾重もの折り重なりあるいは混淆によって、ついに祖霊と山の神とが入り交じってしまったが、そこには、霊魂の担い手としての樹木が重要な仲介役を果たしたのである」（ナウマン、一九九四、八二頁）と、〝入り交じり〟を指摘していて、この表現から、イコール論に近いかもしれないと想定できる。だが、この結論に至る事例をみてみると、山の神のお産や赤子にかかわる事例であって、「清められた先祖の魂が赤子に継承されるなら、山の神とはそれにふさわしい仲介者にちがいないのではないか」（ナウマン、一九九四、八二頁）をふまえた論理であり、赤子を介在させた先祖概念の不安定さもさることながら、少なくともどうもイコールとまでは言っていない。

山の神研究の金字塔の見解

では山の神研究の金字塔と専門家に目されている堀田吉雄の『山の神信仰の研究』（一九六六）では、山の神と祖霊とをどのように結びつけているのであろうか。堀田はこの著作のなかで、あえて「山の神の祖霊的性格」という一つの章を設けているので、丁寧にその記述を追うことにしよう。

その章の冒頭で堀田は言う。

山の神に祖霊的な一面のあることは、柳田翁をはじめ多くの先覚によって、もう既に言い古されてきたことである。それを筆者が殊更らしくあげつらうのもいかがかと思うが、山の神の系統的な究明を志している者としては、一度はこの問題に触れないわけにはいかないのである。それに、今日までにこの問題について、まとまった研究も発表されていない。それで筆者なりにこの問題についてやや詳細な分析を試みたしだいである。（堀田、一九六六、一二一頁）

こう断っているように、これまで山の神と祖霊との関係について、柳田以降、断片的な報告や指摘ばかりで、堀田の本よりも三年前（ただしドイツ語）に出版されたネリー・ナウマンの『山の神』（Naumann, Nelly : Yamanokami――Die Japanishe Berggottheit）を除いて、じつはまとまった研究が存在しなかったのである。そこで堀田は「まとまった研究」をするために、山の神に関する研究者たちの調査報告類を渉猟し、それに自分自身の調査をも含めて分析を試みる。

堀田は言う。「ウチガミの本来の起源は、氏神に近いもので、同族の本家筋で祖霊を祀ったものではないだろうか。村の草分けの家筋で祀っていた家の神乃至は同族神が、その族党の発展に伴って、村々の氏神に昇格した場合も少なくないであろう。このような家々の神やマキとか、イットウ、イッケなどと呼ばれる同族間で齋き祀っている神々の中に、山の神が座をしめていることが、しばしばみられる」（堀田、一九六六、一二三頁）と断ったうえで、「陸奥西津軽赤石村では、山の神が山稼ぎをする村人によって、内神として祀られている」（堀田、一九六六、一二三頁）とし、「羽後北秋田郡荒瀬村根子では、旧十二月十二日祭をするが、山の神が部落全体の氏神になっている。この日家々でも、女神像をかかげ、オミキを供えてまつる。この根子は秋田マタギの村として有名なところである」（堀田、一九六六、一二三〜一二四頁）、「羽前南置賜郡中津川村の山の神は、部落によって氏神として祀っているし、屋敷神としている例も多い」（堀田、一九六六、一二四頁）と言う。そして堀田は、「右のように見てくると、東北では狩人や山稼人の村に、氏神もしくはウブスナ社としての山の神は多いといえそうである」（堀田、一九六六、一二四頁）とまとめている。

また、農村の事例として、「磐城相馬中村附近の村々では、家々に祀る氏神は、熊野、稲荷、明神勝善等五十余種にわたるが、小泉村、北飯渕、中村（一部）、西山（一部）、厚釜、黒木の六部落の『氏神祭祀表』という統計を見ると、山の神は十五ほどあり、五十余種の内の第六位をしめていることがわかる。この辺は農村地帯で、ここにいう氏神とは家の神らしい」（堀田、一九六六、一二四頁）と述べている。

堀田はさらに他の地域の事例を並べたのち、つぎのように中間的な結論を述べる。「以上の諸資料を通覧すると、日本中の大概の部落に祀られている何万とも知れぬ無数の山の神の中には、僅少ではあるが、部落の氏神として、あるいは、地主的な鎮守神としてまた時には戸々の家の神、もしくは同族神、屋敷神として祀られる山の神が、狩人、山稼人、百姓を通じて存在していることは、よく諒解せられる。数量からいえば誠に少いけれども、山の神には確かにこのような形で、祖霊的な面影は残っているように見受けられる」と〝面影〟があることを指摘した後、ただ、ここが大切なところであるが、つぎのように言い切る。「これらの資料から、直に山の神は祖霊であったと早計に断定することは難しい」（堀田、一九六六、一二六頁）。すなわちこの各地の分析結果においては、イコール論には懐疑的なのである。

山の神と祖霊との関係の多面的検討

ついで堀田は、節を改めて、正月に初めて山に入る初山行事と山の神の分析に移る。そして資料は示されていないが、つぎのような推測を述べる。「山の神に祖霊的な一面がありとすれば、山の陰鬱な一面即ち山中他界観と結びつくと共に、他面は生々蕃殖して止まない陽気性と相関するものと筆者は二面的に考えている。いちじるしく死穢を忌む山の神が祖霊と結びつくということは、一見矛盾することのようであるが、消極的にはその影響を免れなかったと同時に、積極的には祖霊が子孫の繁栄を喜ぶという点で、山の神の信仰と共通する場があったからであろう」（堀田、一九六六、一二八頁）。ここでは珍しく資料が示されずに、山の神の信仰と祖霊信仰との間に共通する部分があるという自分の見解を述べている。

さらに堀田は述べる。「『綜合〔日本〕民俗語彙』によると愛媛県越智郡の村々でも、正月十一日にノサカケをするという。茅の葉か穂に幣を結びつけたもので、これに松や草を添えて、田畑、井戸、縁や便所の脇までもたてるという。こうなるとノサは正月の輪ジメなどと接近してくる。山の神と年神との重なっている好例である。柳田翁の見解によれば年神も亦祖霊と見られている神である」（堀田、一九六六、一三二頁）。

他にいくつかの事例を示したのち、「以上、初山にあたって、山中で山の神を祀り、神霊をくさぐさの木の枝に依らしめることを語ったつもりである。その木を家にまで持ち帰って小正月のシメ飾りとし、或は田植えの時にも利用する。これらのことは盆に祖霊を招いて先祖祭りをする儀礼と甚はだ似通っていることがわかる」と述べたうえで、つぎのようなまとめを行っている。

すなわち「七月の上旬に盆道作りということも行われている。祖霊が山から降ってくる道を清らかにし、花を依代として採ってきて精霊棚に手向けるわざなど、彼れ此れ相応じるものである。してみれば、初山儀礼が先祖祭に関係深いことは、もはや疑う余地の少ないことだと言えると思う。しかも初山儀礼では山の神まつりが重要な中枢をなしていることを思えばこの神の祖霊的な性格が、一番よくこの儀礼の内に捉えることが出来るといっても、敢えて過言ではあるまい」(堀田、一九六六、一三四頁)。堀田は他の節では、山の神の祭日が先祖祭の季節とほぼ一致していること(堀田、一九六六、一四二頁)、山の神の火祭りと魂まつりとの大火焚きとの関連性(堀田、一九六六、一五九頁)などのデータを追加し、山の神行事を通じて祖霊とのつながりについてまさに多面的に検討をした。

ところで、結局、堀田は資料からなにを提示できたのだろうかという点を検討してみると、山の神＝祖霊を証明できていないことがわかる。ただ、両者の間になんらかの深い「関係」があることを示していることは明らかである。

柳田の言明と実証研究との齟齬

このように研究史を追っていくとつぎのようなまとめ方ができよう。たしかに柳田は山の神＝祖霊という新鮮なアイデアを提示したが、その後の実証的な研究は、どれも両者の関連性を示すことはできたものの、イコールで結びつける資料や論理を示し得ていないことがわかる。しかしながら、堀田の冒頭の引用、山の神＝祖霊は「多くの先覚によって、もう既に言い古されてきた」もそうであるし、あとで引用の辞典類の「山の神」の説明でも同様であるが、山の神＝祖霊という考え方がこの分野では常識化している面があることは否定できない。

そこで堀田の冒頭の引用の「既に言い古されてきた」と堀田が引用している二本の論拠論文にあたってみよう。そのひとりの橋浦泰雄がつぎのような言い方をしていて、たしかにイコール論である。すなわち、「八百万神ということは古くからいわれたことであるが、これは釈迦の死に当つて、鳥獣虫魚までが集つて悲泣したというのとは異り、多くの人々をさしていつたのであつて、つまり各氏族の祖先等をさしているのである。われわれのこれまでの研究によると鳥獣山川草木にまで神を認知するにいたつたのは、むしろ仏教などの影響によるもので、すでに記したように田の神・山の神あるいはトシガミなどといつてもひつきょうはその季節々々の必要によつて降臨して来る各氏の祖霊の別称であつて、山や田それ自体の神ではない」（橋浦、一九四九、一四〇～一四二頁）というかなり思い切った言明である。ただ、少なくともこの著書では山の神についての調査資料は示されていない。柳田の主張をそのまま受け入れたのにすぎないのではないかと想定される。(4) そのため橋浦は、「山の神が山それ自体の神ではない」という、かなり不安定な主張をせざるを得なくなっている。

堀田のもう一つの論拠論文は折口信夫によるもので、その折口の論文、「神々と民俗」はとくに柳田の『先祖の話』に則って論を立てているのがわかる。『先祖の話』には田の神・山の神去来、および山の神が先祖であるという主張点があり、折口はそれに従っているが、ただ、折口は橋浦の「山の神が山それ自体の神ではない」と言い切るほど過激ではなくて、「だからと言つて、日本の神すべてが、先祖観念の向上決着したものだといふことは出来ません」（折口、一九五四、三四二頁）と、クギを差している。先祖と結びつかない神として、折口は、われわれには迷惑な存在、気の知れないもの、あるいは恐ろしい霊物としての自然の神、岩石樹木、火山の神、峠の神などを指摘している（折口、一九五四、三三三頁）ので、本当は山の神＝祖霊と考えていたのかどうか疑問が残る論考ではあるが、ともあれ態度としては柳田の主張を全面支持している。

また辞典類に目を通すと、『日本民俗学辞典』（吉川弘文館、二〇〇〇年）では柳田という限定ではあるが、「柳田国男によると山は祖先神が留まる他界であって、山の神は祖先神・田の神と同一神とされている」という表現になっている。さらに一般的に読まれることが多いインターネット上のフリー百科事典である Wikipedia の「山の神」の項目では限定なしに「農民にとっての山の神の実体は祖霊であるという説が有力である」と、さらに明瞭に山の神＝祖霊という考え方が示されている。

このようなことから、たしかにこの分野の一般常識として、山の神＝祖霊という考え方（説）が、一定程度受け入れられているだろうことは想定できる。けれども、資料が教えてくれている事実に従えば、山の神と祖霊とはなんらかの「関連性」があるということのみである。そこで本章では、柳田の言明にそのまま従うのではなくて、具体的資料に基づいた先行研究が教えてくれている事実の方に従う立場を採用するのがよいだろうと考えている(5)。

そうなると、ではどのような関連性があるのかという点を検討する必要がある。視野を日本にかぎらずに基層的文化としての類似性のある東アジアにも目配りをしながら、以下に実証的な研究事例を示そうと思う。

3　水と先祖とのかかわり——日本の事例と中国江蘇省無錫市

日本では、川の上流の山の中に神社が設けられ、そこに山の神や水神が祀られていることが少なくない。それは通常、雨乞い行事をもっている。つまりこの山の神は農耕にかかわる水を差配する神でもあり、地域により水の神の神社であったり、山の神の神社であったりする。ポイントが山に置かれれば山の神という名称になり、かなり下流の川に置かれれば水の神の名称になる。

観光でもよく知られている有名な神社の例を挙げると、奈良県吉野山の水分神社は、山そのものは山の神が差配するが、その祭神に限れば水の神である。他方、埼玉県本庄市の阿夫利神社は山の神であり、この二者はともに雨乞いの神であるとも伝えられている。そういうところでは祖霊が直接には出てこない。これらは、平野にあるいくつかの村々が農業用水として利用しているような規模の大きい河川における山中に鎮座する山の神や水の神のことである。

たとえば、吉野の水分神社でいえば、吉野川の源流の喜佐谷川と、吉野山、そして大和平野というとても大きな構成となっている。

けれども本章で対象とするのは、そうした大きな河川と平野という規模の大きなものではなくて、湧き水や湧き水からの小さな川の場合である。それは、通常、一つの集落で完結するもので、湧き水（小川）は集落でのみ使う水であり、その水を育んでくれている山はまた集落の山であり、しばしばその山は先祖が帰る山とも想定される、そのような構成になっている。もっともこの規模の大小は相対的なものであり、明確な線引きがあるものではない。

このような祖霊と関連しやすいと想定されるセッティングにある場所の湧き水を調査してみても、意外とそのかかわりは見つけにくい。日本の各地で通常に見られるのは、湧き水の場所に水神や、それ以外では仏教の影響を受けて地蔵や弁財天などが安置されていて、それらは祖霊とは関連をもたない。筆者自身が調査した一例を挙げると、長野県小諸市諸の「弁天の清水」はその名のとおり、湧き水の湧き口に弁財天宮が設置されている。この「弁天の清水」は集落の管理下に置かれており、現在もおいしい水だということで飲用のために集落外からも水を汲みに来る人たちが少なくないし、洗濯の最後の水洗いをこの清水ですると肌に馴染むからと、朝は主婦たちの洗濯姿を見ることができる。しかしながら、清水のすぐ上から山がかかってくるこの地であっても、清水と山の神や先祖とのつながりを聞き出すことはできなかった。

湧き水の信仰のなかで、比較的先祖の影が見え隠れするのは、沖縄の事例である。沖縄本島の南部は湧き水地帯となっており、規模の大きい湧き水が多くある。聞き取りによると、先祖がこの湧き水を使ってきてその結果、自分たちが今あるのだから、湧き水の水神様に拝むときには、先祖からお世話になってきたその気持ちも含まれていると答えてくれる場合が少なくない。

たとえば南城市の垣花樋川でもそのような答えをもらった。しかし、沖縄の湧き水では山の神はいないし、また、祖霊そのものを拝んでいるとは言い難い。そもそも沖縄では山の神信仰自体が微弱なのである。(6) あえて山とのかかわりを探すと、この集落には集落の山頂に垣花グスクがあり、赤ん坊が生まれた場合、グスクに赤ん坊が生まれたという報告に行く。それはグスクにご先祖様がいると信じられているためだ。この程度の山とのかかわりはみられる。

これが日本の現状であるが、中国では山にいる先祖の影がもう少し濃厚な事例がある。江蘇省無錫市濱湖鎮大浮村袁家湾集落は、中国の上海からさほど遠くない太湖という湖に接する集落である。この集落は集落の中央に泉と池からなる水利用の空間をもっており、その上方にこの水を供給する山をもっている。山からの水（湧き水と表流水）は導かれて集落内の池に流入するようになっている。また、図３-１に見るように、池のすぐ右横に泉があり、それは飲料水として利用されている。この集落にはすでに上水道が設置されているが、それは使用料金が発生するうえに、この泉の水の方がうまいということで、集落の人たちはほとんど上水道を使わずに、泉と池の水を使用している。

図３-１に示すように、山からの表流水はいくつかの小さな流れを集めて、池に流入するようになっている。集落のすぐ上は畑

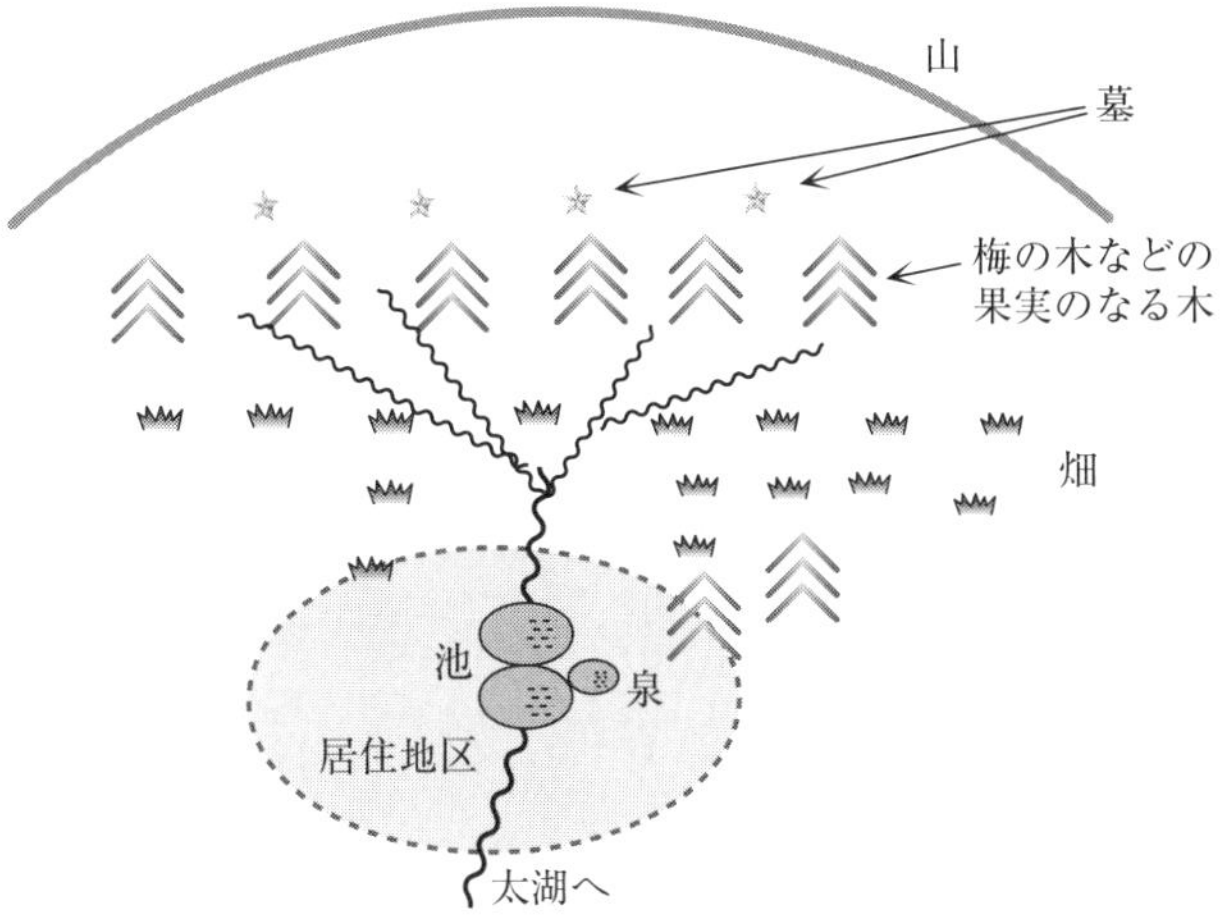

図３-１　大浮村袁家湾集落の山と川の模式図

となっており、そこには梅の木などの果実がなる木を意図的に植えている。この木が、山火事のときに集落を守る防火線になるのだそうだ。山仕事に行ったときのついでに、鍬でコツコツと土の表面を掘ってうまく上の池に水が流れ込むようにするのだという。

泉の周辺など水流に近いところは小さな竹を植えておくのだそうだ。竹の根が水をきれいにしてくれるのだと説明を受けた。このようにして山から水の恩恵を受けて、集落の水利用は成り立っている。地元では「山は命であり水を命とする」という言い方をしている。

文化大革命以降は火葬になったが、それ以前は土葬であった。そしてそれらの古い墓は山にある。地元では山に先祖がいると伝えている。旧暦の三月三日に集落全体の先祖祭りをこの古い墓のところで行う。先祖はどこで亡くなってもこの山に戻ってくるという信仰がここには存在する。「叶落帰根」といって、魂はその生じた根っこのところに戻ってくるのだそうだ。また、泉には龍神がいると信じられている。

そうすると、山にいる先祖の恩恵を受けて、山からの水が集落の人たちを養っているという言い方ができるし、地元でもそのようにみなしているが、ここには山の神が存在しない。泉に竜神がいるだけである。そしてこの竜神は、先祖とは結びつきがなく泉を守っているだけである(7)。

以上、山の神の姿のない山の例を出したが、次いで山の神が登場する事例を示そう。

4　山の神と先祖とのかかわり——中国雲南省麗江市

前節の中国の事例は漢族であるが、ここでとりあげるのは少数民族のナシ族の事例である。中国雲南省麗江市玉龍県龍蟠郷星明村は金沙江（長江の上流）に位置し、その対岸にはチベット族の人たちが住むかなり山深いところである。星明村大和集落では、丸い山が集落の後方にある。集落はこの山の麓のなだらかな平地に位置し、さらにその前方に田畑が広がる。

この山には山の神がいると信じられている。また集落の墓はこの山の中腹にあり、たとえば、ある家の墓は右から順番に古い先祖の墓となっていて、そこに五つの墓があるとすると、その近くの象徴的な木に山の神がいると信じられている。木の代わりに岩であることもある。かりに何らかの理由で墓を移動させたり、新しい家が墓をつくるときには、全員が集まって新しい墓地の近くの然るべき大木を自分たちの山の神として選定をする。ここでは竜王などの水の神はなくて、この山の神がまた水の神であるという。このように山の神をその下方から取り囲むように先祖の墓が存在するという形式を取っている。

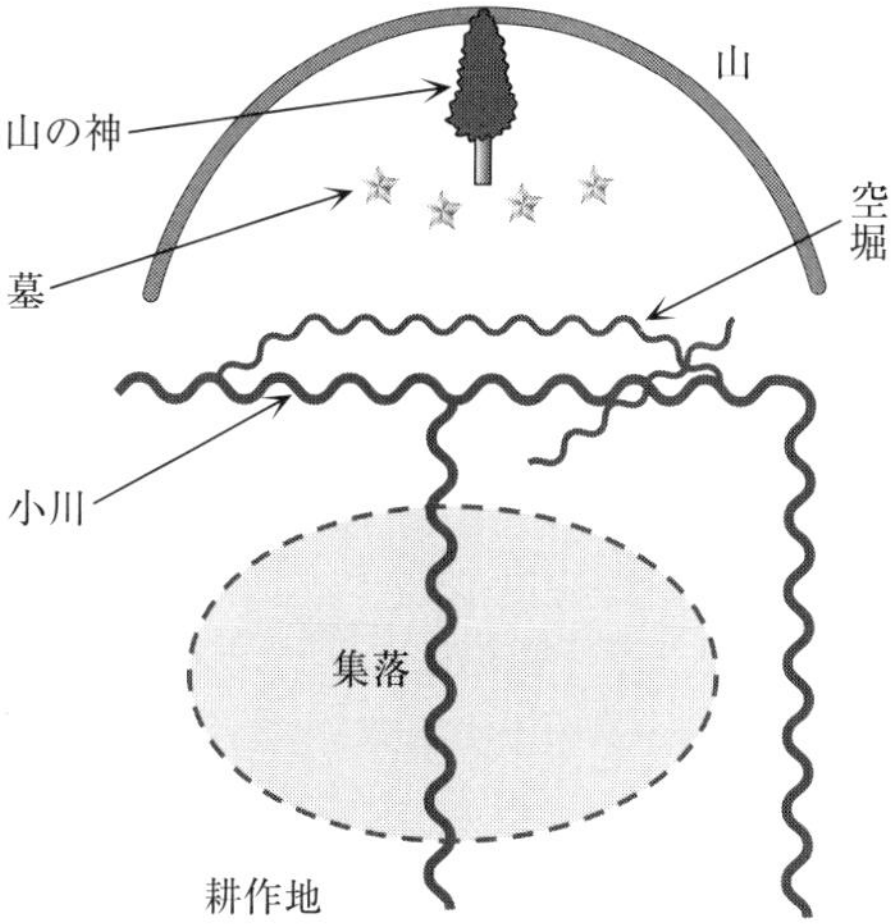

図3－2　星明村大和集落の山と川の模式図

図3–2に見るように、この集落の上流に小川があるが、その上の方に、いわゆる空堀がこの小川と並行して掘られている。その理由は、大水のときにまず、この空堀が水をくい止める（山火事のときは防火線になることも予想される）。それでも足りないときには、小川がくい止めるために、この小川はムラの上を左右に流れるように設置されているのである。現在も、生活用水はすべてこの川の水を使っている。そしてこの水は、集落などを流下した

後は、農業用水として使われる。これはパターンとしては、前節の太湖近接の集落とたいへん似ているが、異なるところは、山の神が山に鎮座していることである。

5　奥に山の神、手前に先祖——種子島南種子町

中国の事例は、山の神と先祖との関係について、かなり明瞭な像を示してくれた。これら中国の事例を知ると、次の下野敏見の種子島の泉とガロー山の記述が生彩をおびてきて、われわれに有用な示唆を与えてくれる。最初に下野の「種子島の集落構成」という論文から、われわれの関心に沿って、その内容を要約する。下野によると以下のごとくである。

南種子町広田集落では古い泉(クミカワ)を中心にしてクミができている。各クミカワにはセシ(施主)という管理者がいる。セシは元旦の若水迎えには寺の札を立てて祀る。セシが札をクミカワの脇に立てると、一番水を待ちかまえていた人たちが先を争って若水を汲む。注目すべきことは、クミカワのセシはガローの司祭者であるシッカを兼ねていることだ。ガロー山(ガラン山)は種子島に一〇〇か所ばかりあり、薩南のモイドンと類似の森である。ガロー山は多くは田のカシラにあって水源地を占めていたり、人家、または村落の北東部に屋根山として防風林を形成していたりする。またガローのあるところ、必ずといってよいくらい、泉がそのそばに湧出するのも特徴である。

広田集落の一つのクミ、浜渡での聞き取りによると「カワの神様とガローの神様は同じというもんじゃ」とのことで、多性格的ガローの一面である水神的性格を示唆するとともに、村落形成の中心であるカワとの古いつながりを示し、その同時発生の関係を示している。また、道上のクミのガロー山の近くに墓地があるのは甚だ興味深い。そして

すべてのクミの事例を集めて下野は次のように要約する。つまり、ガローの性格は多面的であり、荒神、水源地保護、防風林、農耕神（田の神）、蛇の神である。また、ガローには、山の神の性格もあって、これは一番強いようである（以上、下野、一九六一、二～七頁の要約）。

写真３-１　ガロー山（鹿児島県中種子町平鍋）

写真３-２　ガロー山の入り口の墓（平鍋）
手前左が通路、右上が墓

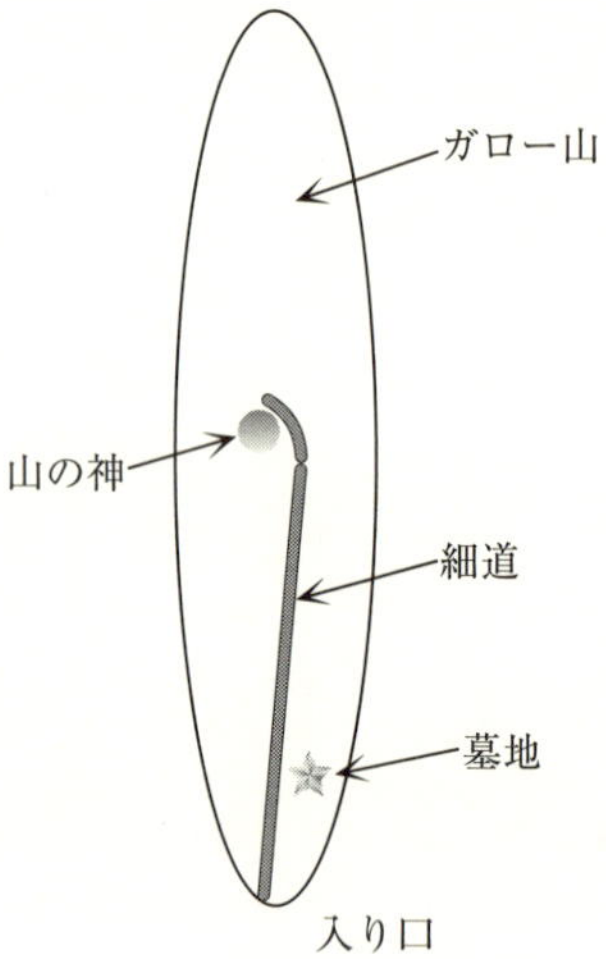

図３－３　ガロー山の模式図

写真３－３　ガロー山の山の神（平鍋）

また、下野は別の論考でガローのことをつぎのように説明している。「ガラン（ガロー）とは、種子島各地にある森の神で、主に立木を依り木にして祀る。非常に祟りやすい神で、その森は神聖視される。森をガロー山ともいう。ガラン（伽藍）が訛ったものである」（下野、一九六八、六一頁）。

下野がこの論文を報告した一九六一年からほぼ半世紀近く遅れて二〇〇八年に現地を訪れたところ、すでに泉を使用しなくなって久しく（一九六一年でもすでにほとんど使用しなくなっていた）、泉とガローとの結びつきを下野ほどに明瞭に証拠立てることはできなかった。しかし、この種子島では山の神が出てきており、その山の神が祖霊とはイコールで結びついていないことが下野の研究からもわかる。

中種子町の平鍋にかなり明瞭な形をもったガロー山があり、写真３−２および図３−３に見るように、その入り口が墓地になっており、そのガロー山（ただし平地）の奥へ細道を進んでいくと、そこに山の神が祀られている。山の神は写真３−３に見るように石で丸く形づくられている。その管理者の主婦に聞くと、自分は女性なので、手前の墓（写真３−２）は拝みまた手入れをするが、山の神（写真３−３）に近づくのは禁止されていて見たことがないと言っていた。下野はこの平鍋のガロー山について、「中種子町平鍋でガロー山の近くに開拓先祖を祀った石塔があって、両者の間に小道も作られていることは注目される」（下野、一九六一、六頁）と言っている。(8) ともあれ、この山の手前の墓地、その奥の山の神の配置は中国の事例を想起させる。

６　まとめ――山の神と先祖との関係

山には、山の神がいたりいなかったり、祖霊がいたりいなかったりする。したがって、常に両者が山に存在するわけではない。本章の事例においてもそうである。２節の研究史でまとめたように、柳田国男による山の神＝祖霊論が存在する。そしてそれを支持する論考も少なくない。他方、丁寧にその論拠の資料を吟味すると、山の神と祖霊とはなんらかの強い関係があることはあきらかだが、イコールで結びつけられる資料は存在しないことを指摘した。(9)
①祖霊が山におり、お盆や正月など一年のしかるべきときに山から里に来る。②山には山の神がいて、田の神・山の神去来の儀礼が存在する。③山の神の行事と氏神の行事が重なっている。たとえ、この三点が成り立っても、そのことでもって、山の神＝祖霊と断定はできない。ともに異なった霊格である可能性があるのである。本章ではその点

について、異なった霊格として示し得たように思う。

本章でみたかぎり、山の神と祖霊の両者が山にいる場合、空間的には山の神が中心にいて、祖霊がその下（周辺、入り口近く）にいるという構図になっている。(10) つまり両者は一体となった存在ではない。しかしながら両者が敵対関係や競合関係にないことはあきらかである。親和的関係にあるといえばよいだろうか。研究史でもみたように、両者が同一とみなされるほどに、行事の重なりや強い連携がみられるからである。そのため、両者は共存関係にあるという言い方ができよう。あるいは山に関わる祭祀や儀礼などが両者の存在で引き立っているという意味での相互の親和性を強調すれば、「山の神と祖霊は共生関係にある」という言い方も妥当性をもつかも知れない。

日本人は先祖をとても大切にする民族である。先祖の神（ほとけ様といってもよい）は、いつも子孫に良いことをしてくれる神さまである。先祖の神は通常、良いことだけをしてくれるので、すべての神が先祖の神であるとよいのだが、本章で示したように、すべての神を先祖と結びつけることはむずかしい。

ではなぜ、柳田国男は現在の目からみると強引とも思えるほどに、すべての自然に存在する神々を祖霊とみなす論を展開したのだろうか。それに対する答えとしては、私は伊藤幹治の説明がもっとも説得的であると思っている。伊藤が調べたところによると、柳田国男は第二次世界大戦中から戦後にかけて、とくに「固有信仰」という概念を展開させた。それは仏教など他の文化から影響を受けていないわが国固有の信仰を意味する。伊藤は柳田が固有信仰という概念を捻出したのは、戦中から戦後にかけてのわが国の不安定さから来た「ナショナル・アイデンティティの危機意識」からだろうと推測している。一つの信仰の体系として、固有信仰という概念が登場し、その体系を支える概念として「祖霊」が出てきたといえよう。ただ、演繹論法を嫌う柳田としては、それを実証する必要がある。

伊藤は言う。柳田が「祭りの本質を神の「御側に居る」ことと考え、その神を「祖霊の力の融合」と解釈して氏神と祖霊の不可分の関係を示唆したのは注目に値する。このことが、戦後まもなく公にされた『山宮考』で論証されることになるからである」(伊藤、二〇〇二、一二七頁)。

この『山宮考』の実証性については本章の註(10)で検討をした。柳田としては日本固有信仰の体系性を保証するために、「祖霊」という軸になる概念が必要であったのであろう。(11)

ところで、本章は先祖神ともっとも近いと考えられている山の神を例として出したのであるが、山の神も先祖とイコールで結びつけることはできない。いわんや、水の神や風の神、雷神などはまったく異なる自然神である。先祖神と異なり、自然神は人間に対していつも良いことをしてくれる保障はない。これらの神さまの本性は「自然」なのである。そこで必死に神さまに祈ることになるし、また講などの組織をつくって、みんなで神さまにお願いをしたり、感謝をしたりする。暴風が来ないようなお願いや、秋の収穫の感謝祭などだ。お米を収穫しただけで、感謝の秋祭りをしないということは、気持ちとして許されないことなのである。

青森県での聞き取りで、大水で集落の多くの人たちが死亡した事件について、村の人たちは、「最近私たちが川を汚していたので、山の神さまが怒って掃除をした(大水で汚れたものを洗い流した)」(鳥越、二〇〇二、一頁)と解釈していた。山の神はときには、人間に不幸をもたらすのである。

平穏な暮らし、無事な暮らしは誰もが望むところである。自然が与えてくれる恵みを私たちがどのようにコントロールしていくかということは、いつも喫緊の課題であった。とりわけ、経済の成長のみに関心を寄せていた時代から、人びとが平穏に暮らせることがもっとも大切であると多くの人たちがこころづく時代へと、現在、変わりつつある。「自然のコントロール」と、「平穏」はともに神さまに期待される役割でありつづけているのである。農民の信仰の分析の必要性はここにある。

註

（1） 山の神は、農民たちが祀る山の神と、山で仕事をする樵や狩猟を仕事とする山の神に大きく二分類できることを民俗学の研究は教えてくれているが、ここでは農民たちが祀る山の神が主な検討対象となっている。
（2） 宮田登も〝仮説〟の立場にたっている。すなわち宮田は言う。「民俗学上の有力な仮説では、この去来信仰〔春に山の神が田にきて、秋に山に帰る─鳥越注記〕の背景に、祖霊信仰が存在しており、各家の先祖の霊魂が、山の彼方に去り、時折子孫のもとに訪れてくる、その時期は、盆と正月が中心だが、その他にも子孫の求めに応じて来臨するのであり、祖霊の分身が山の神・田の神に表現されている。つまり祖霊の機能として、山の神・田の神が存在しているという考え方である」（宮田、一九七九、六七〜六八頁）。また、桜井徳太郎は山の神の山霊や産霊の性格などをふまえて、「渾然と一体化している」（桜井、一九九〇、一七二〜一七三頁）ものととらえており、否定、肯定の判断がしがたい。
（3） 雑誌『あしなか』一二〇号が「山の神」の特輯を編んでいる。そこに膨大な山の神についての資料が紹介されている。そこで示されている資料（事実）では祖霊とイコールで結びつける資料が存在しないことを実感させられる。だが、それでも探すと、宮城県丸森町の事例で「神は山にもどると山の神となり、樹を育て水を貯える仕事をすると言われ、また家の棟に止まり子孫を護る」（森口、一九七〇、三三頁）が、「子孫を護る」という表現をしているため、祖霊との関連を匂わせる。なお、小野重朗は、水神信仰が祖霊信仰に変遷した事例を十五夜綱引きの研究から得ており（小野、一九八五、二五七〜二五八頁）、また、他方、山の神が「生活神」となっている熊本県芦北地方の事例（小野、一九七一、二一三頁）を示しているので、小野の研究全体の信仰解釈からすれば、生活のありようによっては、山の神が祖霊神に変遷してもおかしくないと考えていたと推測できるのではないか。

（4）柳田がはやくは『山島民譚集』（一九一四）で、田の神と山の神との関連を指摘している。「山ノ神ト田ノ神トハ同ジ神ナリト云フ信仰ハ、弘ク全国ニ分布スル所ノモノ」（柳田、一九九七、四六七頁）と事例を挙げて説明をしている。その事実を受けて、早川孝太郎は『農と祭』（一九四二）で、また倉田一郎は『農と民俗学』（一九四三）で、全国の各地の事例をとりあげて、田の神の性格をあきらかにしつつ田の神と山の神の関係を紹介しているが、山の神と祖霊との関係についてはまったく言及していない。柳田が祖霊との関係を指摘する以前であったこともあるが、関係する資料がなかったからであろう。橋浦もこれら二人と並んで柳田の高弟とみなすことができるが、柳田の『先祖の話』『山宮考』の後に橋浦の書（一九四九）が成っているので、二書の影響を受けて橋浦の言明があると想定される。
（5）岩田重則は墓の研究を通じて、本章と類似の批判をもっているように推測される。すなわち「柳田民俗学〔柳田国男とその弟子たちをさすらしい―鳥越注記〕は論証を抜きにして祖霊への「融合」という形での祖霊祭祀の完成として論じていたのである。これが、その後の民俗学における位牌論の原型となっていったといってよい。『先祖の話』は、集積された資料に基づいて帰納されたわけではなく、また、伝承者解釈をそのまま学問的結論に移行させている文言も見られ、いずれにせよ、分析を行なわないまま、位牌祭祀の終了は祖霊への「融合」の最終段階と位置づけられていた。しかし、それが綿密な学説としての検討を経ないままに、その後の学説を形成してしまったかのように思われる」（岩田、二〇〇三、二七〇頁）。岩田は位牌研究のことを述べたのであるが、山の神についても見てきたように同様の傾向がある。
（6）沖縄本島では二〇か所ほどの湧き水で聞き取り調査をし、山や御嶽との結びつきを意識して聞いてみたが、明瞭な聞き取り結果がでなかった。沖縄の水の神を民俗学の立場からもっとも体系的にまとめあげた古家信平の著書『火と水の民俗文化誌』（一九九四）にも、山の神と祖霊と泉との関係を指摘する記述がない。また、口頭で古家氏に個人的にお聞きしたところ、農民の信仰する山の神は民間信仰のなかには見いだせなくて、沖縄北部の海神祭で神人たちがウムイを歌うときに、海の神と山の神という対比で、山の神の名が出てくるだけだということであった。
（7）山の神がいなくて、山に先祖が入るという点では同じであるが、少し異なる例として、広西省桂林市全州県白宝郷登甲村の事例を挙げることができる。そこでは山に宗族の墓があり、山には先祖の魂があるといわれている。そしてその山から集落の水を得ていると考えられている。湧き水的な井が各所にあり、そこには井神という名称があって、竜神にかかわる信仰はない。却って、自分たちは代々井にお世話になっているから、井神には先祖に近い気持ちがあるという言い方をしていた。このあたりは沖縄の事例に似ている。
（8）なお、下野敏見は、近著で説を改められ、結果的には本章と近い見解を披露されている。すなわち「もともとガローヤマに祖霊祭祀の機能があって、それが分離したものというふうに、筆者は『南西諸島の民俗』Ⅱに書いたが、その後、幾多の事情の検討の結果、この考えは改めねばならないと気づいたのである。梶山（平鍋）ガローの場合も、ガローヤマと石塔が近くにあって永い間併存してきたこと自体、両者の機能が別であり、ガローヤマは祖先祭祀とは関係ないと理解すべきである」（下野、二〇〇四、一六八頁）。
（9）宮田登は祖霊と山の神を比較して次のように言っている。「記紀の山神は荒ぶる祟り神として表われているのに対し、富士や筑波の山神は、祖霊の祀り手といった形をとっている。祖霊が山々を遊行し、土地の山神によって祀られることは、山神が里に住む農耕民と密着した存在であることをものがたるであろう」と〝密着〟という表現をとっている。他方、この文章につづいて「山にあって里の子孫の生活を守護するのが祖霊であり、よくいわれるように祖霊が春に田畑に降りて、農耕を守り、秋収穫がすむと、家族に手厚くもてなされ山に帰っていき、山の神となっているという考えがあり、ここでは祖霊と山の神、田の神、家の神とが一体化した神格が想定されているのである」（宮田、二〇〇

七、二〇二頁)とやや異なったニュアンスの表現をしている。
(10)　ただし本章では墓の所在で確認をするという方法を採った。山の祖霊の存在確認の難しいところは、祖霊は通常、宮や石碑などの象徴的存在の確認が難しく、儀礼を通じて確認するところにある。日本でも中国でも、祖霊が「山にかえる」「山にいる」といったとき、それは漠然とした山であるのが本来であるからであろう。ただ、山において、宮や石碑その他の象徴物によって、「特定の場所」を示すときがあり、その典型が墓であるといえよう。
なお、墓でかかわったことでいえば、柳田の『山宮考』は伊勢神宮の内宮の禰宜をしていた荒木田家の分析が論理上大切なところであるが、柳田はこの荒木田家の山宮の祭場は葬地かもしれないという言い方をしている。すなわち「荒木田氏の一門二門が山宮祭をして居たのは、彼等の氏神祭場より一里余の水上、今の外城田村大字積良から、又少し山に入つた津不良谷と、そこからさまで遠からぬ椎尾谷とであつた。(中略)内宮の神境とは岡を隔てた北向きの暗い谷で、古い塚が多い処だといふ。二門が独り留つて津不良谷で祭をして居た期間はいつ迄だつたか、是も後終に此地を去つて、神宮々中の風宮祈宮から、や丶奥まつた山中で祭ることにしたといふ人がある。どうして其様な忌はしい事をしたものか、私には合点が行かない。(中略)つまりは当人たちももう本の意を知らぬやうになつて居たのである。神都名勝誌には右の積良谷の山宮祭場を、荒木田氏祖先の墳墓なりと明記している。(中略)今から千五百年前の墓制すら、実際はまだ我々に判つて居ないのである。オキツスタへと謂ひオクツキと謂つたものが、どういふ方式で亡骸を隠したかといふことも、是から帰納法によつて徐々に訪ねて行かなければならぬ。それをもう断定したのは、何か大胆に過ぎるやうな気がする」(柳田、一九九九、一三一～一三二頁)。この記述は、荒木田家の山宮祭のもっとも古い形は、山の下(周辺)でそれは先祖の墓であった可能性が高いというもので、本章の関心からすれば興味深い。
(11)　もっとも、柳田の「先祖観」には、一九一八年の「幽霊思想の変遷」から一九四六年の『先祖の話』に至るまでの間に、変化が生じていることに注意をしておく必要があるだろう。その点を森岡清美（「柳田国男における先祖観の展開」）がうまくまとめている。

参考文献

伊藤幹治　二〇〇二『柳田国男と文化ナショナリズム』岩波書店
岩田重則　二〇〇三『墓の民俗学』吉川弘文館
小野重朗　一九六四「南九州の正月仕事始め儀礼—山ノ神信仰の展開—」『日本民俗学会報』三四号（『農耕儀礼の研究』一九七〇　弘文堂）
小野重朗　一九七一「山の神の地域性」『日本民俗学』一三三（『南九州の民俗文化』一九九〇　法政大学出版局）
小野重朗　一九八五「竜神・水神・祖霊と地域性」『隼人文化』一六（『南九州の民俗文化』一九九〇　法政大学出版局）
大護八郎　一九八四『山の神の像と祭り』国書刊行会
折口信夫　一九五四「神々と民俗」（『折口信夫全集』第二〇巻　一九九六　中央公論社）
倉田一郎　一九四三『農と民俗学』（一九六九再刊　岩崎美術社）
桜井徳太郎　一九九〇『民間信仰の研究』下　吉川弘文館
桜井徳太郎　一九九三『神々のフィールドワーク』法蔵館
下野敏見　一九六一「種子島の集落構成」『日本民俗学会報』一九号（『種子島の民俗Ⅰ』一九八二　法政大学出版局）
下野敏見　一九六八「種子島雨田の村落構造と族制」『種子島民俗』一八（『種子島の民俗Ⅰ』一九八二　法政大学出版局）
下野敏見　二〇〇四『田の神と森山の神』岩田書院

ネリー・ナウマン　一九九四『山の神』（野村伸一他訳）言叢社
徳野貞雄　二〇一一『生活農業論』学文社
鳥越皓之　二〇〇二「本居宣長と柳田民俗学」『UP』三六〇号　東京大学出版会
橋浦泰雄　一九四九『まつりと行事』毎日新聞社
早川孝太郎　一九四二『農と祭』（『早川孝太郎全集』第八巻　一九八二　未来社）
古家信平　一九九四『火と水の民俗文化誌』吉川弘文館
堀田吉雄　一九六六『山の神信仰の研究』伊勢民俗学会
宮田　登　一九七九『神の民俗誌』岩波書店
宮田　登　二〇〇七『海と山の民俗』吉川弘文館
森岡清美　一九七六「柳田国男における先祖観の展開」下出積与編『日本史における民衆と宗教』山川出版社
森口雄稔　一九七〇「蔵王修験と山の神と」『あしなか』一二〇　山村民俗の会（山村民俗の会編『あしなか』復刻版　一九八一　名著出版）
柳田国男　一九一四『山島民譚集（一）』（『柳田国男全集』第二巻　一九九七　筑摩書房）
柳田国男　一九四六『先祖の話』（『柳田国男全集』第一五巻　一九九八　筑摩書房）
柳田国男　一九四七『山宮考』（『柳田国男全集』第一六巻　一九九九　筑摩書房）

〔付記〕　本章は、第六一回日本民俗学会（二〇〇九年一〇月）で口頭報告し、それをその後、徳野貞夫監修『暮らしの視点からの地方再生』（九州大学出版会、二〇一五）に発表したものに加筆訂正したものである。

第４章　水の神の正体

１　水の神とは

水の神とはなにものなのか

水の神は「みずのかみ」と呼ばれたり、「すいじん」（水神）と呼ばれたりする。水の神は、文字どおり、水にかかわる神である。

原則的には、自然の神にはそもそも性別はない。ただ、例外的に山の神は女性とみなされている。前の章で述べたように、水源としての山の神と水の神は深く関連性があるので、おそらくそこからの影響なのであろう、水の神にはうっすらと女性の匂いがする。地域の伝説、またその地域の古文献では、水神に、○○ヒメと名づけているケースが、数少なくではあるが存在する。例を出せば、水の神の化身が女性として現れたり（蛇女房の昔話）、また、古事記や日本書紀では水の神をミツハノメと呼んでいる（『日本書紀』では罔象女神《みつはめ》と宛字をしていて、それは女神といえるのである）。

山の神は醜い女性であるという伝承をもつ地域が少なくない。とはいえ、実際に山の神が描かれた掛け軸を見ると、美人の女性になっている。図４-１に見るとおりである。

図4－1 山の神（青森県鰺ヶ沢町）

それに対して、水の神にはその姿がない。私は全国にわたって水の神の祀られている場所を訪れたが、いまだ水の神の彫刻や絵姿を見たことがない。ほとんどすべてが「水神」と彫られた石碑である。なんとも味気のないものであるが、わが国の住民にとっては、水の神の絵姿を心のなかでも描けないのであろう(1)。

それに対して、中国では竜神が水の神なので、竜を描くことができる。実際は石造りの竜の口から水を出すという形をとっていることが多い。朝廷など中国からの文化が入りやすい場所は別として、農山村の生活のなかでは、水の神が竜神であるとみなす考えは、わが国には存在しない。

カッパの姿

このようにわが国では水の神の姿はイメージできないが、それに対し、水の神が化け物となったもの、あるいは妖怪と解釈されているカッパ(河童)は、比較的明瞭な姿をもっている(柳田国男、一九五六)。その姿はサルとカメの特徴を備えていることが多い。伝承ではカッパはイタズラや迷惑をかけたり、水辺の馬や泳いでいる子どもを溺れさせたりという怖いこともする。私が大学院生の頃であるが、栃木県の農村で、カッパと確かに相撲をとったと断言する古老に出くわしたことがあった。カッパが人間と相撲をとるという伝承は、日本各地に広く分布する。

ところで、現在、描かれているカッパの姿にはユーモアもあり、水神祭りをカッパ祭りと呼んで楽しんでいる地方もある。また、こうしたカッパ祭りは信仰を超えて、まちづくりの一環として行っているところもある。カッパは子どもの姿をしているので、それも親しまれる理由だろう。また、まちづくりなどに登場する「アイドル」としてのカッパ（埼玉県志木市商工会のカッピー、福岡県中間市のなかっぱ、岩手県遠野市のカリンちゃん、など）が各地でみられ、親しまれるようになってきた。[2]
たしかに民俗学の通説では、カッパは水の神の化け物化したものといわれているものの、各地の現場を調査してみると、化け物には至らないまま、どちらかというと水の神に近いカッパ（河童）もいることを発見する。カッパは関西地域ではガタロ（河太郎）、また東北地方ではスイッコ（水虎）と呼ばれたりして、各地域で固有の名前がある。そして関西でいう「河太郎」は河の太郎という意味であって、それは敬称ともいえる。
しかし、水の神に近いカッパはいても、水の神がカッパであるというケースは例外に近い。すなわち、水神とカッパとは明確に区別されている。したがって、一般には水神がカッパのような童の姿をしているとは信じられていない。先にいったように、水神は石碑にたんに漢字で「水神」と書かれている例が圧倒的に多いのである。[3]
ただ、あきらかに水の神ではないし、またカッパではないのだが、洪水のときに現れる「白髪の爺さん」がいる。水神は洪水を防ぐ役割も担当しているのだが、この「白髪の爺さん」は大洪水を知らせる爺さんである。たとえば「延宝八年七月十一日信濃川の洪水の前日、白髪の老翁が川上から「大水出づ用意せよ」と飛ぶやうに水面を歩み下つたので之を白髪水と云う」（中山、一九三五、九一頁）とある。また福島県檜枝岐村につぎのような伝承がある。「明治年間の大洪水の時に、多くの橋は押し流された。村の中央にある橋だけは非常に高く丈夫だったので残ってゐたが、川上から巨大なボコティ（風などで倒れた大木）に乗った白髭の老人が手に鉄の斧を持って下りて来て、其橋を打ち壊して行った」〔今野圓輔、一九五一、一〇〇頁〕、「白ひげのお爺さんが何処からともなく現われて、今度、大洪水があるから用心せよと告げ歩いたが、間もなく驚くべき大洪水があった」〔一関市立弥栄中学校、一九七三、二九一頁〕など、各地の民俗誌に白髪や白髭の爺さんの記録が残されている。

水の神の祭祀と設置場所

年中行事の一つとしての川祭り(川入とか川開きという地方もある)は、各地で旧暦の六月一日に行われた。小野重朗の指摘によると、日本の代表的な夏祭りとして知られている祇園祭や北野天神祭り、石清水八幡宮などの祭りは、すべて水神的な性格をもっているという(小野、一九九二)。このことはまた柳田国男もすぐ前で引用した『妖怪談義』(「川童祭懐古」)で述べている(柳田、一九五六)。夏は農村や都市において、風水害や伝染病などの災厄を受けやすい時期で、これらは川や水とかかわって生じがちであったので、荒ぶる神々を鎮める華やかな風流《ふりゅう》や踊りが都市でも農村でも発達したのである。新暦の現在では、日にちはさまざまに異なっているが、七月の日曜日を選んで、川祭りが行われることがしばしばみられる。

水の神はどのような場所に設置されるのであろうか。たやすく想像されるように、水辺に設置される。水の神はその水辺を守る神であるといえばよいのだろう。湧き水のあるところには水の神が祀られることが多い。気持ちとしては、その湧き水の水質と水量の豊富さを願っているところがある。

また、街中で出る湧き水の場合、たんに水の質や量だけではなくて、自分たちの家族の幸せを祈るというような、やや水の神本来の役割を超えたことをお願いしている例もある。街中に湧き水ということは不思議な気がするかもしれないが、その過去の歴史を昔までたどると、湧き水が出たからこそ、その周辺に人びとが居住し始めるということが少なくないのである。

一般論でいうと、日本での集落の設置は湿潤な土地を嫌い、やや岡がかった少しだけ高い場所に設けられることが多い。そのような地形で背後の山から谷川の水が流出するところや水が湧き出るところに集落ができる。そうした水場に近いところに、もとの名主など格式のある家が多いのは、そこから集落が発展したからであろう。そしてそのような場所に水の神が祀られる。

また、水の神は川や湖の岸辺にも設置される。この場合はすぐ後で述べるように災害と関係することが多い。川は大水のときに決壊をする。その危険性のあるところに設置されるのである。

水の神の役割

水の神は二つの大きな役割をもっている。一つは「豊富に水を供給すること」。もう一つは「水害を避けること」である。前者の役割の変形として、清浄な水を絶えることなく供給する役割がある。

また一方で、日本をはじめ東アジアおよび東南アジアの一部に見られる例であるが、水に〝力がある〟という信仰がある。この信仰はたいへん古層の信仰と推察される。誰でも知っている例としては、大相撲で取組寸前の力士が力水を口に含むのをテレビで見たことがあるだろう。力を与えるものという信仰は、末期の水といって、死の直前の人に元気を出すように水を含ませたり、また正月の朝に若水という水を汲みに行く行事などに現れている。若水とは泉や井戸など家族が飲料水を得るところから得た正月最初の水を意味する。それを家族全員が口にすることで、一年の健康と平穏が保証されると信じられている。この習慣は中国雲南省・麗江市の少数民族であるナシ族でも聞き取ることができた。かれらは若水と呼ばずに、歳水と呼んでいた。

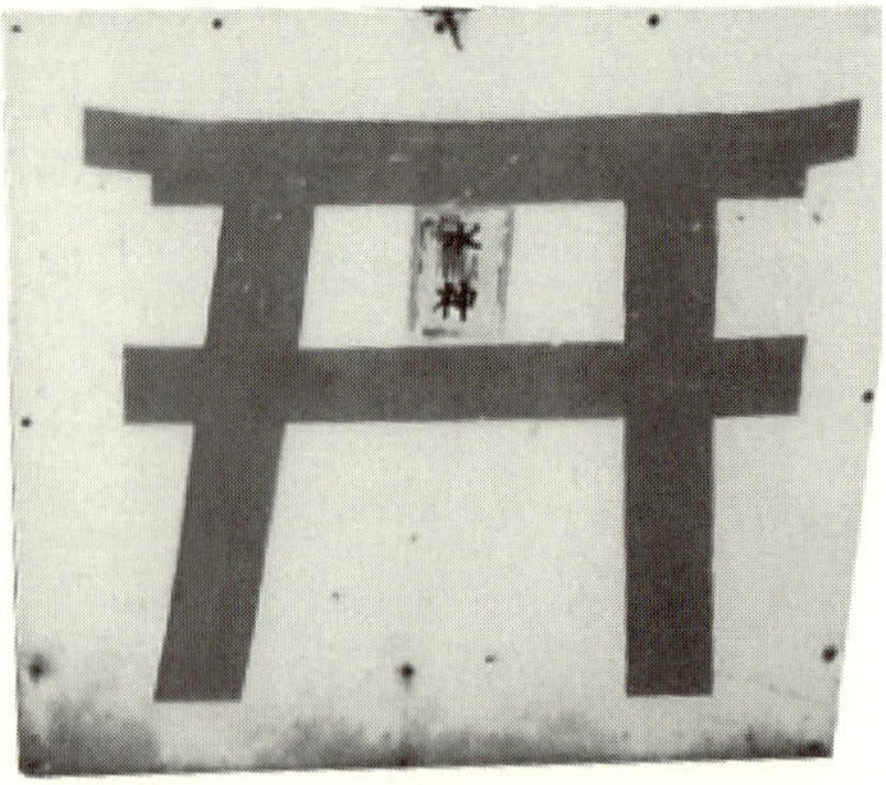

図4-2 禁止を示す鳥居の図柄

さらに水には清めの機能があると信じられている。神社にお参りするときに、水で口を濯ぎ、手を洗う習慣などが誰でも知っている例であろう。この二つの水に対する信仰が、水の神のさまざまな行事に覆いかぶさっている。

少しばかり例外的なおもしろい絵柄をここに紹介しておこう。図4-2は、「するな!」の絵柄としての鳥居である。飲み屋街の裏手などの塀や電柱にこの種の鳥居が見られる。それは「ここに小便をするな!」という意味である。この写真の絵には鳥居の額に「水神」と書いてある。水神はこんなところにも登場することがある。

また関東の各地を中心にして、掘り井戸の底にフナやコイなどの魚を棲ませることが少なくなかった。それを口頭伝承に詳しい大島建彦が「土地によっては、そのような生きた魚が、井戸の神または井戸の主と考えられたのは、古くからの井戸の主の伝承とつながるものといえよう」(大島、二〇〇三、一五三頁)と指摘している。ただこれはあくまでも一つの仮説とみなすべきだろう。水神の石碑や祠は共同井戸に祀られることが多いが、個人所有の井戸では通常は見られない。

以上のことをふまえたうえで、水の神とはどのような神であるかを具体的な事例から分析することにしよう。

2　水辺の空間

水辺の中心、にぎやかな場所

水の神は淡水の水辺に存在する。海辺は豊漁を祈る恵比寿神の信仰であり、水の神は祀られない。日本語で水というと、基本的には飲料水や洗濯水・農業用水のイメージが伝統的にあるからだろう。そのためか、海の水には関心が弱い。海辺の恵比寿神は海水ではなくて漁業の神である。

コミュニティのなかでは、飲料水を得ることができる水場は生活の中心の場所である。湧き水のある洗い場、井戸、川の洗い場は、共同生活の中心の一つである。そのため、必ずしも当該コミュニティの聖なる場所としての中心ではない。それが神社と異なるところである。そこには人びとが一日に一度は飲料水を得るためにやってくるし、主婦たちは洗濯のためにしばらくの時間そこで過ごす。ということで、いつも人びとがいてにぎやかな場所なのである。水神はそのような場所に設置される。

ここではまず中国の写真を見てもらおう。写真4-1は中国の湧き水のある洗い場の例である。どこでもそうであるが、まず飲用のために使う場所(写真の一番奥)がある。その水が流出した次の空間は、食べ物を洗う空間(写真では野菜を洗っている)、その下が洗濯の洗い場。ここにはないが、さらに汚いものは、その下流で洗う。使い方の原理は韓国も含めて東アジアのあいだでは違いが見られない。

日本に戻り、写真4-2は富山県黒部市生地の洗い場である。ステンレスを使ってとても現代的になっているが、原理的に先の中国の洗い場と同じことが理解されよう。

写真４－１　洗い場（中国麗江市）
湧き水での洗い場は用途によって洗う場所が決まっている

写真４－２　ステンレスの洗い場（富山県黒部市）

こうした湧き水や井戸などの水場には、井戸端会議というような言葉でも知られるように、人びとが集まってくる。沖縄県南城市の仲村渠ヒージャー（樋川）で聞いた昔の思い出話は印象深い。夕方になると、集落のほとんど全員がそこに集まってきたという。

畑仕事を終えた男女は汗をぬぐうためにここを使い、さらに衣類を洗濯し、馬を洗う。子どもたちは洗濯場の池で遊び、ときに小魚をとったりした。老人たちはとくに用事があるわけではないが、そこにたむろし、集落の人たちの多くがここで雑談をした。また、夜になると、ヒージャーのやや下手の海辺で若い男女が歌と三線で野遊びをして楽しんだ。そのため、「ここでは昔から恋愛結婚が多い」と仲村渠集落の老人は自慢をしていた。

水は生活に不可欠だから、このような湧き水のあるところや共同井戸のあるところが日常の雑談の場となる。用事がなくてもそこに行くと誰か話し相手がいて、楽しい場所だという言い方をする人もいる。そのような場所には必ず水の神が祀られている。

これらは湧き水や小川の例であったが、それより規模の大きい川になると、水辺空間の利用法がまた異なってくる。それは三つに分類することができる。

一つは川の上流に位置する水のきれいなコミュニティである場合。そういう場所では川から直接に飲料水を得た。川岸から川面までたどり着く階段があったり、また、板を渡したりして、そこは飲料水を得る場であると同時に洗濯場でもあった。それは地域により川端（カワバタ、カバタ）などと呼ばれた。

二つめとして、川や湖から利益のあがる魚やカニを捕まえることができたので、岸辺に漁業の舟だまりをもつコミュニティがあった。これは生産の場としての水辺といえよう。

川や湖の漁業の舟だまりに水神がいる場合、この水神には舟の安全のニュアンスが含まれている。ただ、私の調査

写真4－3　船だまりの水神(霞ヶ浦)

写真4－5　水神(熊本県嘉島町)

写真4－4　中国の洗い場(雲南省成都市)
神さまを示す石碑などのシンボルはそこには存在しないが、神さまに清浄な水を献げている

した限りでは、そこに豊漁を願うニュアンスは含まれていない。住民には水神が大漁をもたらす特別な力をもっているという信仰がないからであろう。そこが海の漁港に鎮座している恵比寿神と大きく異なるところである。

三つめは関東では河岸《かし》と呼ばれることが多いが、交易の場、すなわち川の駅としての用途である。漁舟の舟だまりとこの交易用の河岸とが場所的に重なることも数多い。これらの場所は水辺の中心と呼ぶことができるし、またにぎやかな場所であった。そしてそこには水神が祀られていることが少なくない（写真4−3は霞ヶ浦の船だまりの水神）。

以上見てきたが、場所や用途に応じて、水神の役割は微妙に異なっている。

なお、中国では水神と呼ばずに竜神と呼ぶが、それは石碑などの象徴をもたないのがふつうである。ただ、写真4−4に見るように確かに存在するのである。日本では水神に対しては、先述したように水神と書かれた石碑を安置するのが通常である（写真4−5）。

3　水の神の存在理由

水の神の働き

前々節の「水の神の役割」で指摘した内容をふまえて、その具体的な役割や働きを例示しながら、わが国で考えられている水の神のイメージをさらに明確にしていこう。

写真4−3の船だまりの写真も、茨城県と千葉県にまたがる霞ヶ浦の水の神の一つである。霞ヶ浦には、明確に数字で示せないが（岸辺からの距離の設定によって数字が異なるため）、湖岸に二〇〇ほどの水の神が存在する。大雨で湖の水位が上昇することによって、洪水被害が起こることを恐れての水神である。湖岸を取り囲むように二〇〇もの水

図4-3 水天宮(東京都中央区)

神がほぼ等間隔に並んでいると、手と手をつないだ水神のチェーンのようにも思える。それほどまでに、陸地が洪水となるのを恐れたのである。

霞ヶ浦での調査(五十川・鳥越、二〇〇五、三六〜四八頁)によると、地元での聞き取りでは、霞ヶ浦の水辺の水神のほとんどが水難を避けるための機能をもっていたが、それらの多くは集落で祭祀が営まれていた(集落以外では漁師や個人という回答があった)。災害をよける祭祀が集落で行われたのは、その被害が田畑や家屋に及ぶからであろう。

また、大水とは逆になるが、日本で昔から深刻なのは農業をするにあたっての水不足である。そこで、農業水利としての水の不足を防ぐための水の神が、川の堰や用水池、川の水源に鎮座なさることになる。

ところで、水の神には不思議な特性がある。風の神や火の神など、他の自然にかかわる神々は大風を防ぐなど特定の機能に限定されているのに、水の神だけは、水の神本来の機能以外に、しばしば健康や幸福などの人びとの普通の願いを聞き入れる神として出現するのである。

図4-3は水の神さまに元気な子が生まれますようにと祈っている絵馬である(この図ではほとんど読めないがこの絵馬の中心に「元気な可愛い子でありますように」と手書きされている)。私が聞き取りで印象に残っているのは、霞ヶ浦

写真４－６　堤防上の水神（熊本県嘉島町）

の湖辺の古老から聞いた話である。自分が第二次大戦時の兵役につくために村から出かけるときに、父親たち家族が水の神さまにお祈りをしてくれたという。そのとき水の神には、湖の洪水を防いでくれるようにと祈ったのではなくて、本人の武運と無事に帰国できることを祈ったのである。とすれば、水の神は当該地域と当該地域の住民に幸いをもたらすものとしての機能をもっていることになる。

水の神の正体

そもそも水の神とはなにものであろうか。水源というものは山にあるので、水の保全について山の神にお祈りをすることが少なくない事実は、前章の山の神のところでとりあげた。

もっともありふれたかたちとしては、この山から流出する水が小流れとなり、小川となって集落に入り、水を使う場所に水の神が登場するのである。すなわち、比喩的にいえば、水の神の背後の山に「山の神」と「先祖の神」がいるのであるが、この水の神には属性や機能からみて、背後にいるこれら二種の神さまの特性が溶け込んでいるように解釈できるのである。両親の特性をもって生まれた子どものようである。

すなわち、水の神は表面的に見ると「水神」と文字で書かれた石碑で示されるので、まったく個性がないように見えるが、詳細に検討してみると、山の神から受け継いだところのやや女性に偏った神であること。また、先祖神（氏神）から受け継いだところの健康や安全などの包括的な機能をも、本来の水にかかわる機能以外にもっていると解釈できる。

こう見てくると、データの集積が不十分で仮説的な側面をもつが、水の神は、山にいる二つの神、すなわち山の神と先祖の神の二つの性格を自己のなかに内包しているように推定される。これを水の神の正体と名づけておきたい。

ただ水の神は、やや可哀想な神である。しばしば河川の一番危険な場所に安置される。洪水などで一番はじめに崩れる堤防の上に安置されたりするのである（写真4-6）。それはそこが崩れないようにとの住民の切実な願いで安置されるのだろう。だが見方を変えれば、「堤防が崩れたら最初に濁流に呑まれるのは、あんた、水神さんだよ」といっているわけで、意識のレベルでは、〝安置〟というよりも、〝防御の先兵〟として位置づけられているともいえよう。また、地域によれば、水不足が深刻になって雨乞いをしなければならない段になると、水神の石碑を山の滝つぼに投げ込むところもある。これも水の神にとっては災難なことである。

このように水神は人びとの生活にもっとも身近な自然神なので石碑はよく目にするところに安置されており、親しみを感じさせる神として存在している。

註

（1）　鹿児島は田の神で有名な地帯であるが、そこを調査した小野重朗はつぎのように指摘している。しばしば水神の石祠と田の神石像とが並立して田のほとりに祭られている。その場合に二つの造立の年号は田の神石像のものよりも、水神祠のものが古いのが一般的である。田の神石像は薩摩・大隅・日向とその分布全域を通じて、知られている最古のものは宝永二年（一七〇五）の造立であるが、水神祠の方は詳しい調査がされていないけれども一七世紀造立のものが数多くあり、筆者の見たものでは寛文五年（一六六五）のものがある。これらの水神祠や田の神石像は近世はじめの盛んな開田の気運の中で作られたものだが、少なくとも南九州についていえば、水田の神としては水神の方が田の神よりも先行して信仰され、それに打ち重なるようにしてやや遅れて田の神が信仰されたことを教えているようである。田の神がみな仏像または神像を刻んだ石像であるのに対して、水神の方は例外なく石祠か石碑であることも、その信仰の異質性を示すとともに、時代的な遷移を語っているように思える（小野、一九七九、二一一～二一二頁）。

すなわち、田の神よりも水の神の方がその成立において歴史的に古く、田の神がすべて像の形をとっているのに対して、水の神はそうではないという指摘である。
（2）ツイッターによると、中間市の「なかっぱ」についてつぎのように説明をしている。「身長：きゅうり3本分。体重：きゅうり3本分。好きな食べ物：きゅうり。中間市内に住むカッパ。シャイだけど人懐っこい性格。「ぬん」が口癖だぬん」。
（3）折口信夫はカッパのもとの名のみづちに「水主」の字が宛てられることを紹介しつつ、また「古い沼とか池を替へます（池浚いのこと—鳥越注記）。すると必何かしらん沼の底に潜んでゐたものが飛び出す」（折口、一九三六、四三〇～四三四頁）という言い方で、カッパはもともと水の主であると指摘している。それが柳田説にもとづき妖怪化したという理解のようである。この指摘は、深読みすれば、水神とカッパはとても近接した概念であるが異なるという、現場を歩いてきての筆者の考え方によい刺激を与えてくれる。特定の沼や池に強く関連づけられた「水の主」→「カッパ」と、灌漑や飲用のためという必要に応じて人間が（通常は村人が）設置した「水神」とは、やはり異なるものだろう。

参考文献

一関市立弥栄中学校編　一九七三『郷土史　弥栄の里』万葉堂書店
五十川飛暁・鳥越皓之　二〇〇五「水神信仰からみた霞ヶ浦の環境」『村落社会研究』一二三　日本村落研究学会
小野重朗　一九七九「水の神」『南日本の民俗文化』小野重朗著作集Ⅱ　一九九二　第一書房
大島建彦　二〇〇三『民俗信仰の神々』三弥井書店
折口信夫　一九三六「河童の神様」（『折口信夫全集』第一六巻　一九七三　中央公論社）
今野圓輔　一九五一『檜枝岐民俗誌』刀江書院
中山太郎　一九三五『補遺日本民俗学辞典』昭和書房
柳田国男　一九五六『妖怪談義』（『定本柳田国男集』第四巻　一九六八　筑摩書房）

〔付記〕　本章は「水の神の正体」国際シンポジウム報告（法政大学、二〇一四年一〇月四日）に依拠している。

第５章　風の神と風の三郎

1　風の神とは

国家レベルの風の神信仰

風の神に対する信仰は、風に対する恐れとして生じたと想定される。風の神信仰は二層の信仰の形態をもっている。一つは古代からつづく国家レベルの信仰であり、もう一つは農民の間での信仰である。両者は明確に分けられるものではないものの、それでもやはり二層に分けた方が理解しやすいほどの差異をもっている。前者の国家レベルの風の神信仰はかつての首都である奈良を中心として、奈良・平安時代にかなり盛んであったと想定される。それは歴史のある式内社などの神社にその信仰の痕跡を現在でも明瞭に残している。

中心は、風神を祭神にしている奈良県生駒郡三郷町の龍田大社である。『万葉集』巻第九には龍田山を越えて詠んだ歌として、

君が見む　その日までには　山おろし　風なふきそと　うち越えて　名に負へる社《もり》に　風祭りせな（第二巻四二一頁）

写真５－１　龍田大社のお守り

と、龍田の社で風祭をしよう、という表現が見られる。また、伊勢神宮には別宮として風宮と風日祈宮がある。

また、長野の諏訪大社も風の神を祭神にしている。古代には天皇は祈雨を中心にして京師や畿内をはじめ地方の諸社に使者や大夫を派遣することが少なくない。持統天皇が五年八月二三日に、龍田風神、すなわち龍田神宮と、信濃の須波、すなわち諏訪神宮に使者を遣わしている(『日本書紀下』三八四頁)。

この二つの神社は国家レベルで風の神を祀る中心的神社である。そして現在もこの二つの大社は地方に龍田や諏訪の末社をもちながら信仰が持続している。ただ末社になると、つぎに述べる農民の信仰と重なってくる。

農民の間の信仰

農民の間での風の神信仰は、江戸時代ほどには盛んではないものの、(1)とりあえず現在まで信仰やそれにもとづく祭祀はつづいている。ただ、各地での調査経験からいえば、その信仰が信仰としての生命を保持していたのは、一九六〇年代頃まででではないかと考えられる。現在は風害に対する恐れとして真剣に儀式を行うのではなくて〝形だけ〟行っているという印象をぬぐえない。

ともあれ、農民たちの信仰は、風の強い地域では、少なくとも昭和期までは村の大切な儀式の一つとして真剣に執り行われていたのである。この信仰は祈ることでの実用性が期待されている。どういうことかというと、つまり風が強くて農作物に大きな被害が発生する地域で信仰が盛んであって、そうでない地域ではこの信仰がないからである。とはいえ、この風の神の信仰は、甲信越地方を中心にして関東・東海などその周辺に明確な分布の偏りをも示している。(2)この偏りの理由は不明である。

甲信越地方を中心とした農民信仰の風の神は、呼称として「風の三郎」という名称をもっていることが少なくない。呼称であるから、風の神の石碑があるときに、これは誰かと尋ねれば風の三郎だよ、という答えになるのである。したがって、風の三郎は石碑などの形では見えにくいが、(3)写真5-2のように、儀式のときに飾られる行灯に示されたりする。また、風の神を祀っている神社を風の三郎社と名づけているムラも例外的に存在する。後で示す長野県中川村美里の風三郎神社もその一つである。

この「風の三郎」は、宮沢賢治が「風の又三郎」を主人公とする童話を書くときヒントにしたことによって、文学研究者などによって関心をもたれてきた。つまり、「風の三郎とはそもそも何者なのだ」という問いをもった関心である。(4)

写真5-2　風の神に祈る「法印サン」(新潟県湯沢町神立地区小原)

本章でもその問いに答えたいと思っている。けれども、民俗学的にいえば、風の三郎の正体を探るというよりも、風の神＝風の三郎は、農村の生活のなかでどのように扱われてきたかを生活史的に探求することの方が大切である。そのため、探求の結果として、その正体が立ち現れてくるという順序になる。そこで、この順序で記述をし、その後、分析をすることで、本章の目的を達成したい。

「農村の生活のなかでどのように扱われてきたか」という問いに一言で答えれば、風害によって作物が痛めつけられる「恐れ」としてあったということになるが、現実の生活のなかでは、恐れてばかりいられないので、さまざまな工夫をしていたのである。この工夫を探りながら、最終的には風の三郎の正体を探りたい。ただ、風の三郎の正体といっても、この種の「本来の姿は」という起源論は、決定論は出しにくく、仮説的なものにならざるを得ない。研究史的な紹介を行いつつ、最後に仮説を提示することになろう。

2　風の神の姿と風祭

風の神の恐ろしい容貌

風の神は具体的な容貌で示されていることがかなりある。これは類似の神で比較すると、山の神に似ている。他方、水の神、火の神などは、前章で述べたように「水神」などと文字での表現が多く、姿をとることは例外に近い。もちろん、風の神もたんなる石の祠であることも少なくない。さて、風の神の容貌の特徴は、一言でいって、恐ろしい容貌であることが多い。次頁の写真5-3の風の神を拡大してみると、写真5-4となる。この石碑には文政十二年（一八一九）の年号が彫られている。風の神の際立った特徴は背中に風袋を背負っていることだ。この風の神は髪の毛が風でなびき、裾も風でめくれて細い両足が見えている。そして顔は見るからに恐ろしげだ。(5)

写真5-5は同じ新潟県に属する十日町市の風の神である。年号は入っていないが、写真5-3よりもかなり年代が古いと想定される。これは立像になっている。写真5-4のような髪の毛や裾が風になびくというようなかたちにはなっていないが、風袋はちゃんともっている。この像の横には立て札の解説がある。それによると、この風の神は「実りを迎える農作物が二百十日の風害に合わないことを祈り」、八月三十一日が祭礼であり、むかしは「ちょんが

写真５－３　風の神と風の三郎の行灯（新潟県湯沢町神立地区小原）

写真5－4　風の神の姿

写真5－5　立像の風の神(新潟県十日町市川治)

れ」(ちょんがれ節。鉦や太鼓に合わせて唄ったり踊ったりした)等でにぎわったという。
新潟県湯沢町にはこんな風よけ盆唄がある。「デンデラデンのデカイカカを持てば　二百十日のチョイト風除けに　ヨーイガナー　ヨーイガナー」(湯沢町史編さん室、二〇〇四、九一頁)[6]。

二百十日

先の解説にあるように、風の神に対する儀式である風祭は二百十日頃に行われるのが普通である。それはかつて、この二百十日頃の風の具合によって作柄が大きく変わったからである。現在の暦では九月一日に行うことが多い[7]。

風祭のなかでも観光的に有名になった「越中おわら風の盆」が九月一日から行っているのもそのためである。現在の風祭は風の神の前でムラの代表者たちが集まり、風の神に祈ったあと、酒に口をつけるという程度の簡単な直会になっているところが多い。それでも法印様や太夫様から御幣を切ってもらってキチンと祈願しているところもある。

長野県佐久市では二百十日は荒れる日だという言い伝えがあり、また実際、台風の襲来が多いので、昔はどこの家でも二百十日が無事にすむようにと、家で赤飯を炊く習わしがあったという。また、庭先や屋根棟などへ「風切り鎌」と呼ぶ鎌を竿の先に結びつけて立てる風習もあったという（佐久市市志編纂委員会、一九九〇、八七八頁）。

3　ムラと風の神

村が祭祀を行う

風の神は特定の家や同族の信仰となることはなく、極めて地域性の高い神である。基本的にはムラを単位としているが、地方によると、ムラよりも大きな地域単位であったり、村内のムラ組（あるいは枝ムラ）が単位になっていることもないわけではない。ムラを単位とする主な理由は、農業生産に関わる神であるからだと思われる。田畑など農地の総体的な管理権は伝統的にムラがもっていたからである(8)。この状況は水田に関わる雨乞い儀礼がムラを単位としていることと同様である。

山梨県北杜市旧清里村樫山集落（ムラ）を事例として考えてみよう。樫山集落は、農業生産にかかわる三つの神、すなわち、風害にかかわる風の神、水干にかかわる水の神、日照にかかわる火の神の三者が現存している意味において、本章のテーマに沿った典型的な集落といえる(10)。図5－1では、集落から見ると、八ヶ岳から吹き下ろす八ヶ岳颪を防ぐようにして幅三〇メートルほどの土手状のラインがあり、そこに松が植えられ、松並木の景観を呈している。この土手状の松並木は「風切り松」と呼ばれている。この風切り松のなかにかつては風の神を祀る風の三郎社があっ

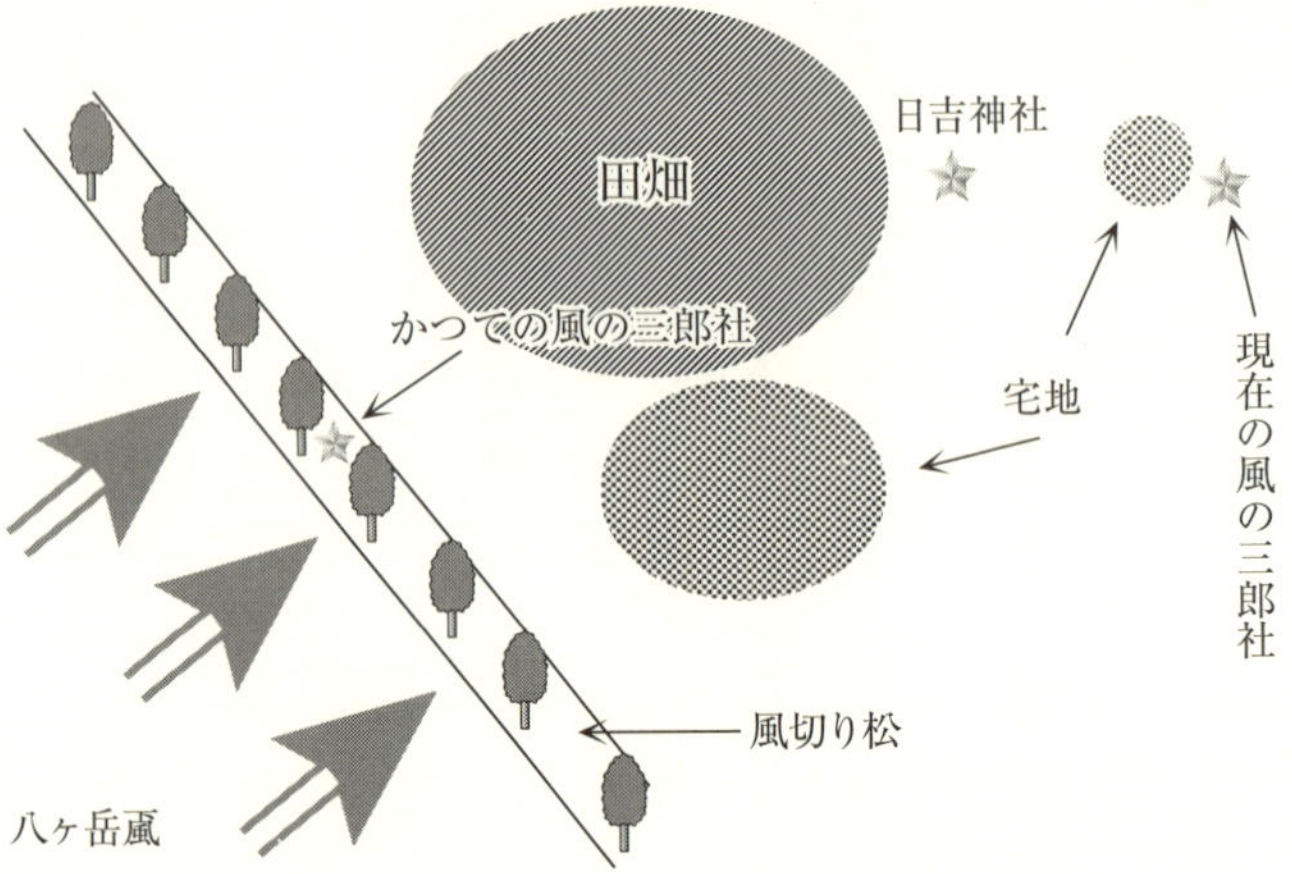

図５－１　山梨県北杜市旧清里村樫山集落の模式図

た。ただ、現在はその場所を移動し、地元によれば「権力者の意向で」という説明で、理由は明瞭でないが、枝ムラとも呼べる集落の中心からやや離れた利根地区に存在する(11)。

地元では八ヶ岳颪は有名であるが、これはこの集落にかぎらず、山梨県の八ヶ岳周辺の村々では広く恐れられていた風である。『山梨県史』はつぎのように言う。年中、さまざまな風が吹くが「その中で冬の時期に吹く冷たい北西の風はヤツガダケオロシ（八ヶ岳颪）とよんでおり、そうしたよび方は、甲府盆地より北側に一般にみられ、強い八ヶ岳颪が吹く日には冬の農作業（例えば果樹の剪定など）ができないほどであるという。そのため、その風を防ぐための防風林を屋敷に設けている例がしばしば見うけられる。こうした八ヶ岳颪が風に関する山梨県の特徴の一つといえよう」（山梨県、二〇〇三、四二九～四三〇頁）。

また地元の研究者によるつぎのような指摘もある。すなわち「八ヶ岳の山麓も現在のように樹木がなかった昔は、八ヶ岳おろし（は）凄まじいものだったようで、諏訪湖水面から蒸発した水蒸気が上昇し冷えて下降するとき、国境を越えて吹き降ろす諏訪風と称する突風は何にも妨げられず山麓を吹きまき、樫山地区の農家の西北側には必ず竹垣があり明治以降植林が完成し竹垣が少なくなり「風切り松」と呼ばれるようになった」（北村、二〇〇九、二頁）。

風の神以外の神々

この集落では、風が強いためであろうか、風の神の印象が強いが、集落のなかに風の神と火の神（日吉神社）および水の神（八ヶ岳権現社）が配置されている。第2章「自然の神々とはどのような神々だろうか」で述べたように、農業生産にかかわる代表的な神々は五種の神々であるが、ここでは山の神と雷神がない。それは当該集落の自然環境によって、ある神が強調されたり、軽視されたりする。ここでは雷が少ないから雷神がないが、逆によく落雷をする地域では、雷神に特別な力があると信じていた。たとえば「岐阜県美濃地方では稲田に落雷があると、すぐにそこにしめ縄を張ったといい、同様な作法は、関東平野にもあったそうである」（小島、一九七九、三一頁）。

なお、八ヶ岳権現社は右に示した模式的な地図に見えないが、風切り松のずっと北（地図外の左上方）の方にあり、雨乞いの神と信じられている。

4　風への恐れと風の生まれるところ

強風が吹かないように

写真の5-3や5-4には明瞭に風への恐れが示されているが、強風や冷たい風は農作物に決定的な打撃を与えるので、おとなしくして欲しい存在であった。富山県の砺波地方には、「吹かぬ堂」と呼ばれる風の神にお祈りをする堂が現在でもいくつか存在する。これは名前そのものに風が吹かないことをお願いする気持ちがよく表れている。

先ほど佐久市の例でも紹介したが、二百十日前後や台風による風の強い時期に、農家の屋根や庭先あるいは田畑に草刈り鎌を竹竿の先などに縛りつける風習が、以前は富山県、愛知県、岐阜県、長野県、山梨県、静岡県、福島県等、かなり広い地域に見られた。この刃物を立てるという風習は日本に限ったことではなく、アイヌ民族でも、またアジア地域においても、たとえば伝統を守っているブータン王国では現在も広く見られる風習なので、その根源は深く広域かもしれない。だが日本では、直接的に諏訪大社の影響によると説明をしている末社もある。後掲図5−2に見るように、諏訪大社には「薙鎌」の習俗がある。この諏訪大社の末社の石川県鹿西町の鎌宮諏訪神社は名前が示すとおりで、鎌祭を行っており、鎌を使った神事が行われている。(12)

普通は鎌が風を切るように風に向かって立てるのだが、それ以外に拍子木を叩いて叫ぶという例もある。「西春町（現愛知県北名古屋市）では、ただ鎌を立てるだけ、という家が多かったようである。九之坪字市場では、大正のはじめごろ、台風の最中にカドへ出て、拍子木を叩きながら、「ホーイ、ホーイ」と叫んでいるのを見た、という人があった。そのころでも拍子木を叩くのは中高年の人に限られていたが、隣りの西春日井郡師勝町では、拍子木を叩く人が多かった、という。また、九之坪では、昭和のはじめごろまで、家の中で拍子木を叩いて叫んでいたこともあった。そのほか、拍子木を使わずに、「ホーイ、ホーイ」と叫んでいたのを聞いた、という人も少なくない」（吉岡、一九九〇、二一一〜二一二頁）。この「ホーイ、ホーイ」という声を発するのは、推測するに、古代からあった、叫び声による風の神との交信を意味するのだろう。(13)

写真5-6　風神神社の風穴（岐阜県中津川市）
岩の上に本殿が見える。その手前の瑞垣の右側が風穴である。

風のやってくるところ

この恐ろしい風はどこから生じると考えられていたのであろうか。風は山からやってくることが多いので、山で生じるとも言えるが、信仰のレベルでは風はどうやら地の穴から生じるとみなしていたらしい。したがって、風神神社が風穴をもっていることが少なくない。「風神信仰論」という論考を書いた木村博が「各地にある「風穴」なども風の神の住居であったかもしれぬ」（木村、一九七三、八頁）という言い方をしているが、その場合は風が吹くとは住居から世に出てくることを意味するだろう。

ともあれ、風穴から風が生じるという考え方は各地に強く存在するようである(14)。したがって、風祭のことを「風穴ふたぎ」と表現する地域があっても不思議ではない。これは耳ふたぎと同じように、風穴をふたぐ、すなわち覆ってしまうということで、風を風穴から出さないことを意味する。

栃木県安蘇郡宮地町手野の風宮の近くに、二個の横穴があり、地元の人たちはこれを風穴と呼んでいる。風祭りの日に大きな餅を風穴の口に供える。この餅をカザアナフサギといって、悪風を追い納め、再び出ないようにするという（松本、一九三二、五二頁）。

岐阜県中津川市阿木の風神神社は風穴の上の岩に本殿があり（写真5-6）、その手前の平地に拝殿があって風穴を拝む典型的な形式を採っている。また、長野県上伊那郡中川村黒牛の風三郎神社は、祠よりやや大きい簡単な社があるだけだが、社の背景の山に風穴があり、風穴のある山が平地になったところにこの社を置くという形式をとっている。ここでは風の神が黒い牛に乗ってきて風穴にこもったという伝説がある。

5　諏訪信仰

諏訪の神と鎌

今まで述べてきたさまざまな事例において、大なり小なり諏訪神社や諏訪湖にベクトルが向けられていることは注目に値する。風の三郎の分布空間の中心的な位置に風の神を祭神とする諏訪大社（諏訪神社）があることは無視できない。この諏訪大社は長野県諏訪市に位置し、冒頭に指摘したように白鳳時代から奈良の龍田大社（龍田風神社）とならんで国家から使者が送られた風神を祀る神社である。

風の強い日や二百十日の頃に草刈り鎌を立てる農民の信仰があることはすでに述べたが、この諏訪大社の主要な行事、御柱祭にも木に鎌を打つ神事（御柱の本見立て）があり、諏訪大社の神宝の一つとして薙鎌がある。薙鎌は御柱祭でも重要な役割をもつが、例祭の神輿行列の威儀物でもある。これは農民の草刈り鎌と異なり、高度にデザイン化されており、刃もなくなっている。全国に分布する諏訪神社の末社には鎌を神体としているものが少なくない。

石川県の諏訪信仰の研究者である小倉学によると、石川県には諏訪の神を祀る神社が八九社もあるという。そして「信者の規模・形態をみると、本殿を設けず、巨樹あるいは霊石を神体とするものが少なくない点であって、多くは明治末期に他社へ合併された。かような形態は、総本社である信州の諏訪大社のスタイルを伝えたものと思われる。また本殿を設けたものにあっては鎌を神体とする場合が少なくない。鎌は諏訪大社において薙鎌とよばれ、諏訪の神のシンボルと仰がれたのである」（小倉、二〇〇五、二一〇〜二一一頁）と指摘している。

風祝（かぜのほうり）

また、現在の諏訪大社では風の神信仰は消滅しているが、過去のいくつかの文献から、風祝がいて、彼が強い風が吹かないように春に百日間祈っていたことが知られている。たとえば、鎌倉中期の説話集、『十訓抄』（建長四年〔一二五二〕）に次の記述がある。

信濃の国は、きはめて風はやきところなり。これによりて、諏訪明神の社《やしろ》に、風の祝《はふり》といふものを置きて、深くこめすゑて、いはひ置きて、百日の間、尊重することなり。しかれば、その年、風静かにて、農業のためにめでたし。
（信濃の国はとても風の強いところであった。そのため諏訪明神の社に「風の祝」という神官を置いて、奥深い所に風を閉じこめて、お祭りをし、百日の間、これをお祈りするのが習わし

図5－2　木に打たれた薙鎌
諏訪大社の現在の薙鎌はこのように高度にデザイン化されている。
〔鳥越皓之作図〕

であった。そうすると、その年は風が静かで、農業のためにも、とてもありがたいことであった。）（三〇六～三〇七頁）。

すなわち、諏訪大社は、風の神、風の三郎を考えるときに、極めて重大な役割を果たしていることがその行事から想定されるのである。

6　三つの「三郎」仮説

風の神の擬人化

風の三郎とはそもそも、なにものであろうか。冒頭に断ったように、多くの場合、いわゆる「そもそも論争」は科学的に証明できることはほとんどなく、仮説の域を出るものではない。本章においても、限られたデータを使って一つの仮説を提示するにすぎない。

現在までの研究で、出されている考え方は以下のとおりである。すなわち、風の三郎は風の神の擬人化されたものであること。この擬人化については、木村博は「風神の零落した姿が「風の三郎」ではなかったろうか」（木村、一九七三、九頁）と、零落という用語を使っている。これは民俗学的にいわばまっとうな解釈である。前章の水の神でとりあげたように、たとえば、水神の零落したものが、カッパ（河童）であるというような解釈と同じである。この場合の零落とは真摯な信仰が衰えたことを含意している用語である。ただ、この風の三郎の場合は、どうも零落という用語がぴったりしているとは思えないので、とりあえず擬人化したものと言っておこう。

そのうえで、有力な二つの説をとりあげよう。

新羅三郎説

一つめに、風の三郎は新羅三郎であるという説がかなり広範に支持されている。新羅三郎とは、平安後期の武将である源義光のことである。源頼義の三男で、新羅明神を祭神とする滋賀県の大津三井寺で元服したことからこのように称した。八幡太郎義家を長兄とし、地方にかなりの勢力をのばした。
この説が風の三郎についての説明書などで広まっている理由は以下による。すなわち、新潟民俗学会の機関誌『高志路』五巻六号（一九三九年）に掲載された「小報告」の風の三郎についての文章がそのまま、多くの研究者の利用する『綜合日本民俗語彙』（平凡社）に収録されてしまったことによる。この『綜合日本民俗語彙』の文章をここに引用しよう。

風の三郎。新潟・福島両県などには風の神をこの名で呼んでいるところがある。新潟県東蒲原郡大田村では旧六月二十七日に風の三郎の祭りをする。朝早く村の入口に吹きとばされそうな小屋をつくる。それを通行人に打ちこわしてもらつて風に吹きとばされたことにし、風の神に村を除けて通つてもらうことを祈る。この村では風の神を新羅三郎義光だという者がある。隣の部落石畑でも同様の小屋を三郎山という山の頂上につくる。この辺りでは風が吹くと子どもたちが「風の三郎さま、よそ吹いてたもれ」と声を揃えて唱える（高志路五―六）。（三五五頁）

『綜合日本民俗語彙』に収録されたおかげで、風の三郎＝新羅三郎説が行きわたったのであるが、常識的に考えて、新羅三郎というのは歴史的人物で歴史に関心のある者は知っているものの、当時の一般の人たちに伝承されるにはやや不自然な感じがしないだろうか。この風の三郎＝新羅三郎説は、その説が説明書や解説書などで広まっている割には、根拠が薄いと言わざるを得ない。もっともそのような伝承がある村が存在するのだから否定もできない（ただ注意深く読むと、村の伝承ではなくて、村のなかにそう説明する者がいる、とも解釈できる)。

陰陽五行からの解釈

二つめの説は陰陽五行にもとづく吉野裕子の説である。これは中国の春秋戦国時代の陰陽思想に五行思想を重ね合わせたもので、五行とは木・火・土・金・水である。この思想は日本では積極的に受け入れられ、後の時代に陰陽道として日本で固有に発展するものである。とりあえずは十干十二支をイメージすればよい。

吉野裕子はこの陰陽五行にもとづいて、どうして「風の三郎」、とくに三郎という名称が生じたかを説明している。風送りの行事が旧暦の二月、六月、十月に行われている。とりわけ六月に多い。それぞれの月は卯・未・亥であり、これは木気の三合を示し、この場合の木気は風を表し、とくに六月は木気三合の三番目である「墓気の未」である。墓は死を意味する。風の三郎とは「木気三合における三番目である墓気の未」を擬人化したものである。このように吉野は解釈する(吉野、一九八三、一四四〜一六三頁)。すなわち、三郎とは、風の死、風の追放を意味するのだという。陰陽五行の知識に暗い筆者はその妥当性を十分に評価できないが、この思想は天武天皇の頃から朝廷では重要視されていたので、一つの説としては成立すると思う。

甲賀三郎説

現在、この二つの説が有力な説として存在する。私はこれらの説に加えて、自分の仮説を以下に提示したいと思う。私の仮説は風の三郎＝甲賀三郎、である。その根拠を以下に示そう。

甲賀三郎という名前は、今日でこそ、その名前を知らないものが多くなったが、新羅三郎とは比較にならないほど、民間に行きわたっていた名前であり、浄瑠璃では現在でも演じられている(15)。また上信越、東海はもちろん、かなり広く伝説として伝わっている。このうち、長野県小県郡長門町長久保で採録された伝説が他の伝説と比較して共通項が多く、さほど長くない話なので、それを引用しよう。

蓼科山麓の村に甲賀太郎、二郎、三郎の三兄弟があった。三人は嫁をめとるが三郎の嫁の美しさを嫉妬した二人の兄が三郎を蓼科山頂の底無穴に連れ出し、「この穴は竜宮までつながっている。おれたちも後から行くから」とクゾ葉藤の蔓で編んだ藤籠に三郎を乗せて岩穴に吊り下げ、綱を切ってしまう。三郎が目覚めてみるとそこは竜宮で、三郎はその楽園で十三年を過ごすが、妻が恋しくなり、闇の中を歩き続け、浅間山麓の小沼の新楽寺の池に出る。穴を抜ける時三郎は蛇身となり、蓼科山頂に登る。岩や木の根で血まみれになって妻の名を呼びながら倒れ伏すと、遠くから自分の名を呼ぶ妻のか細い声が聞こえる。三郎が龍となって空を飛び、諏訪湖に潜ると、そこに妻がいた。(稲田・小沢、一九八一、二〇〇頁)

各地の伝説や記録されている甲賀三郎の物語のモチーフは、甲賀太郎・二郎・三郎の三兄弟がいて、なんらかの理由で三郎が二人の兄弟によって穴に落とされ、歳月を経て、穴から出てきたときには、蛇(龍)となり、それが諏訪湖に飛んでいったというものである。引用した伝説ではふれられていないが、最後に、「そして甲賀三郎は諏訪明神になった」というエンディングのものも少なくない。

この説は、これらの伝承の元本になったともいわれている南北朝時代に成立した『神道集』に収録されている「諏訪縁起の事」にも、甲賀三郎が「諏訪大明神という名で上の宮〈諏訪大社上宮〉として出現された」、すなわち諏訪明神は甲賀三郎であるという記述があるから、それと一致することになる(二三八～二九二頁)。

さて、風の三郎＝甲賀三郎説の論拠は以下のとおりである。諏訪明神は風の神であること。諏訪明神の化身が甲賀三郎であること。風の神は穴から生じると信じられている民俗があるが、甲賀三郎は神となって穴から生じていること。諏訪信仰の強い地帯と風の三郎伝説の流布している地帯が大まかには一致していること。それは甲信越地方を中心にして、西は石川県、東は福島県あたりまでである。それから言うまでもなく、甲賀三郎と風の三郎とは三郎で一致する。

それに対して、この仮説の不安定なところは、なぜ、甲賀三郎が風の三郎となったのか、という点について説得的な論拠がないことである。たしかに甲賀三郎は風の神である諏訪明神の化身であるから「風の」と言い換えられるといえるものの、やはり十全には説得的といえない。またその意味では、新羅三郎も同様の欠点をもっている。(16)しかし、甲賀三郎が風の神信仰とかかわる諏訪明神の化身なので、甲賀三郎の方が説得的ではあるし、(17)この地方の農民の間に広く伝説として行きわたっていた話である。また、吉野裕子の三郎説は、この甲賀三郎の説とは矛盾しない。

とはいえ、この説はいわゆる状況証拠のみで成り立っているので、あくまでも今後の研究の進展のための一つのアイデアとして位置づけておきたい。

註

（1）江戸時代が盛んであるというのは、本文の写真でも示しているとおり、現在残っている風の神の石碑の多くが江戸時代につくられていることを論拠にしている。その時代が盛んであったことは誤りがないだろうが、石碑だけを論拠にしているので、たとえば中世の方が盛んであったという説が生じた場合、それを否定するほどの論拠をもっていない。
（2）そのことは他の地方に風の神信仰がないということを意味するわけではない。ただ他の地方では極めて稀に存在し、その信仰も弱い。他の地方の信仰は本章でいう古代の国家レベルの信仰の破片の残滓として存在しているのか、それとも農村の実践的な信仰として江戸時代などにキチンと行われていたのかを判断する資料を現在はもっていない。
（3）　風の三郎という文字が書かれた石碑がたまに見られるが、筆者の出会ったそれらは例外なく時代的に新しいものである。
（4）　宮沢賢治は近代文学者にとってつねに関心をもたれてきた作家で、すでに『宮沢賢治大事典』までが編まれている。この事典では風の（風野）又三郎は「民間伝承の〝風の三郎〟伝説に由来するとされる」（渡部、二〇〇七、四三頁）と位置づけられている。この分野の研究をもっとも深めていると思われる多田幸正は風の三郎＝新羅三郎説を採用している（多田、一九九六、一三七〜一三九頁）。
（5）　同じ神立の七谷切および湯沢上宿にこの石像と類似の石像があり、湯沢上宿の石像には天保十三年（一八四二）の銘が入っている。またそれらと、近いところでは、湯沢字熊野堂の熊野神社の階段の途中の平地にやはり風の神が安置されている。前二者と類似のデザインであるが、やや垢抜けした風貌をもっており、時代を示す銘はないが、熊野神社の成立と地元での聞き取りから明治時代のものと推察される。また、そこからさほど遠くない土樽字古野に石の祠の中に石像をもつ風の神がある。
（6）　風の神の恐ろしい姿を紹介すると、風の神は悪い神と解釈されそうだ。本書でも第2章で、悪い神の例として、風の神を紹介するという言い方をした。けれども、風の神の行事や石碑を探して歩きまわった印象としては、風は農業に害を与えるので悪いものであるが、それを食い止めてくれるのが風の神というように思われている印象をもつ。すなわち、風の神は風をコントロールする神という理解なのである。したがって、風の神は農民にとっては良い神なのだという言い方もできる。ただ風の三郎になると、山形県では子どもに「それっ風の三郎がきたぞ、いつまでも遊んでねで（いないで）早く家さ入れ」（木村、一九七三、五頁）のように、怖い存在になっている。

(7)　この九月一日頃の二百十日とは、大正期でいうと稲の花が盛りのときであり、またその後、田植えが早くなって昭和になった頃でも穂ばらみの頃であったから、暴風が来ると作柄が極めて悪くなる可能性があったのである。
(8)　言うまでもなく、農地の基本的管理権は個人(家)にあるが、それを超えた課題はムラが処理をすることになっており、それをここでは総体的管理権と呼んでいる。なお、ムラが総体的管理権を保持している主な理由の一つとして、田畑に対する江戸時代の納税の単位(納税の責任主体)がムラであったことと強く関連していると想定される。
(9)　火の神と書いたがカタカナでヒの神と書いた方が正確である。外国でも fire と sun shine とは区別がし難く結びついていることが多い。日本でヒと発音していたものが意味をとって、漢字の火と日に分かれたかと思う。この集落の場合は、日の神と表記してもよいのだが、わが国の民間信仰ではヒの神は主要には火の神と表現されている。樫山集落での「日吉」神社の勧進理由は、もとは農業の吉凶を占うヒの神の信仰があり、語呂合わせで、八幡や熊野ではなく、日吉を選んだからであろうと推察される。
(10)　少し場所が離れるが、同じ山梨県下の富士吉田市には、地震の起こった時刻によって天気や流行病を占うことばがある。それによると、「九は病、五七の雨に四つ日照り、六八時は風となるらん」(富士吉田市史編さん委員会、一九九六、七九五頁)というのがあり、風と日と水がセットとなって関心が高かったことがわかる。
(11)　ただそれではよくないということで、再度、風切り松の土手の元の位置に新しく風の神が安置された。その石の祠に「明治元年八月」の銘が入っている。聞き取りによると、年に三回の儀式の日には、「風切り松」の防風林の中の小道を行列をつくってたどり、そのなかの象徴的な五つに枝が分かれた大松のところで雨乞いや風ふさぎのお祈りを村としてしたという。
(12)　わが国の農業用および呪術用をも含めた多様な鎌の用法については、鹿田(二〇〇四、一七～四一頁)が詳しい。

(13)　『万葉集』巻一五「かしこみと告らずありしを三越路のたむけに立ちて妹が名告りつ」を、古代文学者の武田祐吉が「この歌は、なつかしき妹(妻)が名を口にすることを憚る心持である。しかも寂寥に堪へかねて遂に山上にその名を呼ぶ。呼ぶ声には霊あるが故に、妹が魂も呼びよせられる信仰である」(武田、一九四二、一二六〜一二七頁)という解釈をしているのも同様の論拠である。また、民俗事象としては、常光徹が「大声の力」で強風にむかって叫ぶ事例を紹介している(常光、二〇〇六、二一三〜二一五頁)。
(14)　各地の伝承は多いが、ここでは長野県の旧上伊那郡伊那里村大字浦の伝承を紹介しておこう。「浦村は、入野谷の奥にあたつているが、此地《この》に風穴がある。(中略)岩の重なつた間にある穴の中から、常に、風が生じている。此岩を動かし、或は岩を見やうなどとすると、必ず大風が吹き出て荒れ狂ふといふことである。仍《よ》つて、其辺へは、人の寄る事を禁じている。此岩の上に、風穴明神の祠があつて、これは嵐除の為めに祭られている」(藤沢、一九七七、四二三〜四二四頁)。
(15)　柳田国男には、信州を中心としたこの甲賀三郎伝説の記録集の異本の研究があり、かれはそこで長文の『神道集』に匹敵するほどの長い甲賀三郎伝説、すなわち「諏訪大明神御本地の全文を暗記して居る老人が、近い頃まで信州にはまだ居つた」(柳田、一九四〇、六三頁)と指摘している。それほどに甲賀三郎の伝説は信州を中心にして農民の間に行きわたっていたのである。
(16)　新羅三郎は東国の経営にも携わっており、甲斐守にもなっていることから、この地方とまったく無縁ではない。また笙の名手であったことは有名であるが、それと関連して笙を吹くと風が吹くとの関連を示唆したり、大風を起こす力があったと伝えることを論拠とする論考もあるため(渡辺、一九三九、六八頁)、新羅三郎説も完全に否定はできない。
(17)　諏訪大社上社保有の「天正古図」(レプリカが、茅野市神長官守矢史料館で展示されている)に、「三郎宮」が載っている。それは上社の山の頂上の近くである。ただ、「今ナシ」という幕末期の但し書きがついているので、江戸末期にはそれはなくなっていたようである。これは諏訪大明神の山の頂上だから、諏訪大明神の化身である甲賀三郎の宮であろうと推察される。他方、八ヶ岳の一つを「風ノ三郎ヵ嶽」(高頭編、一九〇六、一七八頁)と呼んだり、山の頂点に近く風の通り道などに風三郎社をもうけたりしている場所もある事実から、甲賀三郎と風の三郎との結びつきを想定できるが、これも決定的な証拠とはいえない。

参考文献

『十訓抄』浅見和彦校注 一九九七 小学館
『日本書紀下』井上光貞 一九八七 中央公論社
『神道集』貴志正造訳 一九六七 平凡社
『万葉集2』小島憲之他校注 一九九五 小学館
稲田浩二・小沢俊夫 一九八一『日本昔話通観』第十二巻 同朋舎出版
小倉 学 二〇〇五『加賀・能登の民俗』慶友社
鹿田 洋 二〇〇四「鎌の民俗」『生活文化史』四五
木村 博 一九七三「風神信仰論—風の三郎をめぐって—」『日本民俗学』八六 日本民俗学会
北村 宏 二〇〇九「八ヶ岳周辺諸事検証」http://www.eps4.comlink.ne.jp/~suiou/kitamura-1.html
小島瓔禮 一九七九「自然崇拝と神」『講座 日本の民俗宗教』3 弘文堂
小林純子 二〇〇七「木に鎌を打つ信仰—諏訪の御柱と薙鎌の関係を探る—」松崎憲三編『諏訪系神社の御柱祭』岩田書院

佐久市市志編纂委員会　一九九〇『佐久市志』民俗編　上
武田祐吉　一九四二『神と神を祭る者との文学』古今書院
多田幸正　一九九六『賢治童話の方法』勉誠社
高頭式編　一九〇六『日本山岳誌』博文館
常光　徹　二〇〇六『しぐさの民俗学』ミネルヴァ書房
日本民俗研究所　一九九五『綜合日本民俗語彙』平凡社
富士吉田市史編さん委員会　一九九六『富士吉田市史』第二巻
藤沢衛彦　一九七七『日本伝説　信濃の巻』すばる書房
松本友記　一九三二「阿蘇谷の農業神事」『民俗学』四―七
柳田国男　一九四〇「甲賀三郎の物語」『文学』八―一〇（『定本柳田国男集』第七巻　一九六八　筑摩書房）
山　梨　県　二〇〇三『山梨県史』（民俗編）
湯沢町史編さん室編　二〇〇四『人の越後』湯沢町
吉岡郁夫　一九九〇『民俗学と自然科学』学生社
吉野裕子　一九八三『陰陽五行と日本の民俗』人文書院
渡部芳紀編　二〇〇七『宮沢賢治大事典』勉誠出版
渡辺桃村　一九三九「小報告」『高志路』五―六（五四巻）　新潟県民俗学会

〔付記〕　本章は、「風の神と風の三郎」『生活文化史』五八号、日本生活文化史学会、に若干の加筆訂正をしたものである。

第6章　雷神と天祭

1　雷電信仰

ライデンサマ

雷神信仰は関東平野でよく見られる信仰である。関東平野では落雷が多いのがその理由の一つかと思われる。(1)とはいっても関東平野の中でも地域的偏りを示している。図6−1は関東平野の雷神にかかわる名前をもつ神社（雷電神社や雷神社など）を図示したものである。その分布は、群馬・栃木県の南部、また埼玉・茨城県ではこの地図の中央より、となっている。このような神社が安置されている地域が、すなわち雷の多い地域であるということもできる。

雷が多いことについて、栃木県に限ったことであるが、『小山市史』ではつぎのような説明をしている。すなわち、「梅雨があけ、本格的な暑さが訪れると、熱雷の発生も多くなる。（中略）この熱雷は、強い日差しに熱せられ、山間部に積乱雲を生じた時に発生し、昼過ぎ二時頃から夜七時頃にかけて最も多く襲来する。栃木県における雷雲の発生場所は主に（中略）那須雷・高原雷・日光雷と呼ばれる北部系、足尾雷・赤城雷と呼ばれる南部系に大別でき」（小山市市史編さん委員会、一九八四、四八頁）るという。

このような落雷の多い地域では、雷神信仰がある。雷は雨を伴うことが多いからであろうか、農業のための水を希求する農民の信仰となっている。たとえば、茨城県太子町では「水戸の雷神さま(水戸市別雷皇太神社)に詣って竹の筒にお水を受けて来て田に撒いたら雨の降ったこともある」(茨城民俗学会、一九七四、一二三頁)と伝えている。

柳田国男は言う。「越後国上山の神泉由来譚の如く、雷を救うて御礼には水を得させよと言つた例は多いのである」。つづけて「自分なども毎々目撃して居るが、関東の平野では稲田に落雷すると、直ちに其区域に青竹を立て注連を張つて置いた」(柳田、一九二七、六四頁)と言う。すなわち、落雷は雷神の降りた場所であるため、注連縄を張る。雷神は水をもたらすので、農業にとって豊穣を保障する神としての位置づけである。

事実、関東平野では雷神社が多く、ライデンサマと呼ばれている。中心の神社として群馬県板倉町にある雷電神社、茨城県下館市樋口の雷神社などが挙げられる。板倉の雷電神社は講をもっており、それは群馬県を超えて栃木県、茨城県、埼玉県に広がっている。各村から代参でたとえば板倉の雷電神社に参った者は、雷電神社のお札を拝受し、各村では、田んぼの水口などにそれを竹にはさんで立てるので、農作物の豊穣や安全を願ったものであることがわかる(小山市博物館、一九九九、二二頁)。

図6–2は板倉雷電神社の雷除けの札である。ただ、雷除けも大切かもしれないが、水を求めての代参が多いようである。板倉雷電神社の隅の奉納絵馬には、どこにでもある家内安全や大学合格祈願に混じって、「いつも貴重な水をありがとうございます。降雨を御願いいたします」という土地改良区のものや、「水の安定供給」という願いを書いた市の水道部のものなどがあった。また、この板倉雷電神社自体が古く万葉集の東歌(万葉三四二六)にも詠まれた伊奈良沼という大きな沼の高台に位置し、これも水とのかかわりを暗示させる。(2)

等々力貴子は雷電信仰の祭場に注目し、それを平野祭祀型と平地流出型(山上から平地へ)と山上祭祀型の三つに分け、もとを山上祭祀型であると指摘している。等々力は水とのかかわりでその型の変遷を解釈している。すなわち

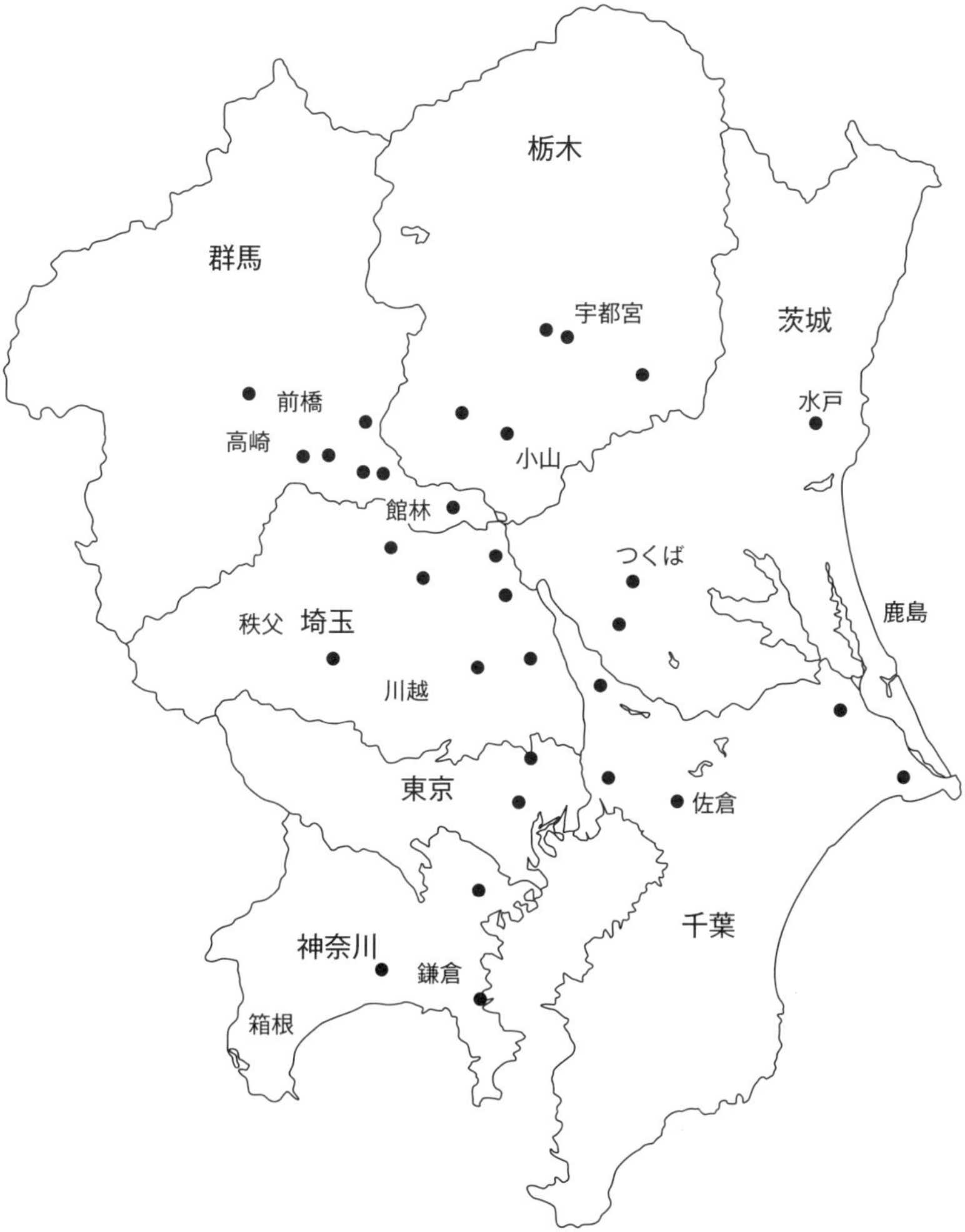

図６－１　関東地方における雷電神社の分布図
（雷にかかわる神社、雷神社・雷電稲荷神社なども含む）

写真６－１ 雷神の石碑
（高崎市小鳥蓮花院の内庭）
宝永元年(1704)と彫られている。これは村、組(コーチ)、個人の家で祀ったのかどうかは不明である。蓮花院に持ち込まれたものと想定される。

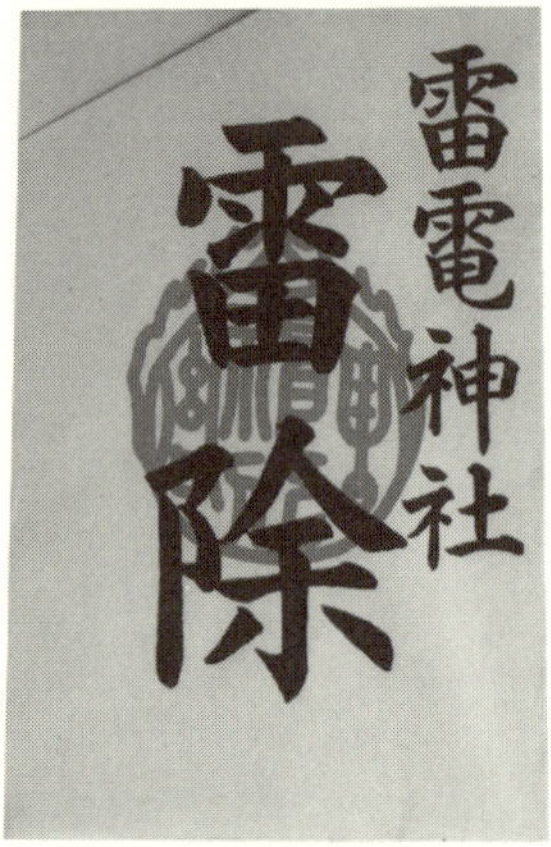

図６－２ 板倉雷電神社の「雷除」護符

「雷神がもと祀られていた山上から河を流れて河口に祀られたとする伝承は、古くは山に雷神が祀られていた」、そして「平地に下った雷神祭祀は、農業神＝降雨の神として、信仰の対象となる霊水のそなわった場所を聖地として祀られた」（等々力、一九七四、四七～四九頁）という(3)。

関東平野を中心にして、多くの雷電神社があるし、板倉雷電神社のように講をもつ神社もあるが、以下に述べるように雷神という神の機能は明瞭に言い切れないところがある。ただ、その姿は誰でも知っているように明瞭である。それを描いた写真６－１のような雷電の石碑もあるし、また木像を祀る神社（たとえば群馬県境町前河原の「雷電神社」）もある。ただ、石碑の存在は例外的だし、木像もそれほど多くはない。

菅原道真の天満天神信仰

ところで、雷神といえば、菅原道真を祀る天満天神信仰が思い出される。なぜならば、道真の怨霊が火雷天神と呼ばれるようになったからである。その経緯を述べると、延喜三年(九〇三)に菅原道真は大宰府で死去するが、その後、延喜九年の藤原時平の死去から始まり、時平系の人たちが相次いで亡くなる。それは道真の怨霊の祟りと恐れられた。さらに延長八年(九三〇)六月二六日、宮中の清涼殿に落雷があり、大納言藤原清貫その他が死亡し、醍醐天皇もショックで病に伏し、日を経て死去した。そこで人びとは、この落雷は菅原道真の仕業であると解釈したのである。

こうして道真の怨霊と雷神が結びつく。そこで道真を祀るために京都の北野に北野天神社が創られる。その経緯について林屋辰三郎は興味深い指摘をしている。すなわち、そもそも北野に北野天神社が創られたのは、北野という広野は、『西宮記』によると、「道真以前に、北野には天神地祇が祀られ、藤原基経によって年穀のために、毎秋雷公を祭った」のである。さらに林屋は言う。この事実は「この天神がふかく農耕生活と結びついていたことを物語っていると思われる。歴史を通じて農耕の生活が、最も強く要求したのは水であり、炎旱に苦しむ農民は、競って天神に雨を祈ったものであるが、その場合の天神は、ほかならぬ雷神であった」(林屋、一九八三、二二六頁)。すなわち、北野には農民の信仰としての雷神(天神)信仰があり、そこに、雷神としての道真の怨霊を鎮めるための北野天神社(北野天満宮)が創設されたというのである。

もっともこのような指摘に対して、歴史家の間では微妙な解釈の違いがある。たとえば、村山修一はつぎのように指摘する。

天神信仰は、日本の天つ神信仰のすり代わったものであって、菅公〔菅原道真―鳥越注記〕の信仰の全国的発展はわが固有の民族伝統的信仰が表面的な装いを改めたにすぎないとする見方もあり、私自身、本来農業神であった天神（雷神＝水神＝竜神）」が天満天神と、日本人の信仰の系譜上、決して無関係とは思わないが、この両者は直線的に結びつくものではなく、その間、上述したとおり、神仏習合、御霊思想の介在を考えることが歴史的現実に則したものといいたい。（村山、一九九六、二頁）
ややわかりにくい表現ではあるが、農村にみられる農業神としての天神信仰は、直接的には菅原道真の天満天神信仰とは結びつかない。すなわち、素朴な発展形態として天満天神信仰があるのではなくて、そこに御霊信仰などの介在があって、すなわち、強い変形があって、天満天神信仰があると解釈できるのではないかという主張であろう。この両者の主張は対立するものではなくて、力点の置き方の違いであろう。ともあれ、雷神と天神は、農民の間では結びついていることがわかる。そこで、天神について検討しておこう。

2　天神と天祭

道真の天満天神信仰の祖形は、農業神としての天神信仰である、という言い方はできると思う。ただ、この天神信仰においては、民俗資料で検討するかぎり、明確な神のイメージが描きがたい。それはすでにみたように雷神と結びつきやすいのであるが、雷神＝天神ではない。

天神とはどのような神なのであろうか。天祭（てんまつり）と呼ばれる祭りが落雷の多い栃木県を中心にして行われている。これは、テンマツリとかオテンサイとか、テンネンブツ、テンドウネンブツ（天道念仏）とか、いろいろな表現があり、仏教とも結びつくことがある。おそらく、神のイメージが祀る者たちの間でも明確でないことにより、安易に仏教念仏に移行できるのではないだろうか。

『綜合日本民俗語彙』に「テンマツリ」の項目があり、つぎのように記述されている。「天祭。今は念仏を採用してまた天念仏という地方もある。たいていは旧暦二月の半ば頃、御宮や寺にあつまって豊作の祈願をする。（中略）行事は純然たる農祭であって、鋤、鍬、鎌などに餅を供えるのを例としている」（民俗学研究所、一九五五、一〇一一頁）ということで、どんな神であるかという説明がない。

具体的に事例で探ってみよう。
①〈栃木県市貝町田野辺の天祭〉ここでは、風雨順調、五穀豊穣、家内安全を祈って行われる。かつては二百十日の風祭の日に行われた。（尾島、一九七三、二八八頁）
②〈栃木県小川町三和神社の天祭〉天の神、地の神に対して感謝し、二百十日の厄日消除、家内安全、五穀豊穣を願う。（尾島、一九七三、二九二頁）
③〈栃木県大田原市の天念仏〉陰暦の七月初旬、風雨順調、雨乞い、五穀豊穣、家内安全などを神仏に祈願する。（尾島、一九七三、二八五頁）
④〈栃木県黒磯市百村の天念仏〉入梅後、三つの集落が共同で行う。若衆たちが三日三晩、笛、太鼓、鉦をたたきながら櫓のまわりをまわる。また、別にテンキマツリがあり、それは雨が降り続いて困るときに、「なり神様」（風神、雷神と称している）にオセンドする。区長がお神酒をあげ、村中の者が宮のまわりをまわる。（栃木県教育委員会、一九七一、八八頁）
⑤〈栃木県上三川町の天祭〉戦前まで、二百十日前後の三日間、テンマツリを行っていた。テンマツリは天の災難をよけ、作物がよくとれるようにと行われる祭りである。（滝田浩二、一九八三、一三五〜一三六頁）

⑥〈栃木県黒磯市の天念仏〉　六〇年ほど前まで、盆の頃に盛大に天念仏が行われていた。なんの神様（仏様）に祈るかは知らないが、病気、災難よけの神として、また作神として信仰されていた。（滝田、一九八三、一三六～一三七頁）
これらの具体的事例を並べてみると、この天祭（天念仏）には、明確にイメージできる神が存在しない、そのことがまさに特色であるとわかる。

天気祭り

ところで地方によるとテンキマツリ（栃木県教育委員会、一九七一、八八頁）とか、「てんとの念仏」と言っているところがあり。天祭りは、あるいは天気祭りなのかもしれない。たとえば日立市十王町では「四月一五日、てんとの念仏といって年寄り衆が集り太鼓と鉦を鳴らして五穀豊穣を祈る」との報告がある（茨城民俗学会、一九六九、九〇頁）。

宮田登に天気にかかわる論文がある。そこで宮田は言う。「四月、五月、六月は、田植えを中心とした重要な折目にあたる」。この時期は「天候が大きく左右するので、神事も、天気にかかわる祭りが目立っている。嵐除け、雨乞い、天道念仏などがそれである。（中略）天道念仏は、天気祭りに呪言としての念仏が習合したもので、福島県から関東地方にひろがって分布することが知られている」（宮田登、二〇〇六、一一九～一二二頁）。

これらのことをならべてみて、なにが言えるだろうか。農業にかかわる自然神のなかで、雷神はどうも役割のはっきりしない神のようである。なんとか水との関連性の強さを指摘できるかもしれない。また、雷神は風の神との関連性もある。俵屋宗達の「風神雷神図」でもそのことが知られよう。

ところで、雷がよく落ちて、雷神信仰のある栃木県を中心とした関東平野では、また天祭(天念仏)が盛んである。この天祭はその神様の姿がイメージできないところが、特色といえば特色である。また、良い神なのか悪い神なのかもはっきりしない。両方を含んでいそうである。とりあえずはその神は天神だという言い方はできるかもしれない。一つの解釈として、天祭は天気の祭りなので、天気そのものが良くなるように祈っているのだということも言えるかもしれない。

このようにデータを重ねていっても、雷神は水の神や風の神などに比べて、なんの神なのか、その役割が明瞭ではない。とりあえずは、天気が良くなって五穀豊穣であること願った農民が雷神を祀ること、雷神は天神とかなりつよいかかわりをもってきたこと、こういう言い方で満足しておくしかないだろう。(4)

註

(1)　雷神はイカズチとも言われることがある。このイカズチのチは、神とか精霊という意味だと解釈されている。つぎの第7章「樹霊と丸木舟」でもふれる木の神(木の精霊)は、古くはククノチと言われた。また、水の神(精霊)と関係が深い蛇をミズチやオロチという表現も、もとの意味には神聖なニュアンスが含まれていたのだろう。
(2)　この板倉あたりは、利根川と渡良瀬川とに挟まれた湿地帯であった。
(3)　他の分類も可能で、青柳智之は、ムラで祀られる雷神、イエ(屋敷地)で祀られる雷神、山頂に祀られる雷神、という分類をしている(青柳、二〇〇七、七五〜一五〇頁)。
(4)　落雷など不慮の出来事を恐れて、「くわばら、くわばら」ということがあるが、その意味については、代表的なものとして三つの解釈がある。一つは、菅原道真の領地が、桑原（京都府）であったので、「桑原」と唱えれば、落雷に遭わないというもの。またサンスクリット語の嫌なことを意味するクワンバランを語源とするもの。他にもう一つは「遠くの桑原」という意味で、落雷は自分たちの桑原ではなくて、遠くの桑原に落ちて欲しいという意味であるというもの。たしかに群馬県では呪文として、「遠くの桑原、遠くの桑原と唱える」地方が各地にあるらしい（相葉、一九七五、一五三頁）。また、地元の古老からの聞き取りでは、雷が鳴ると、自分たち子どもは、クワバラ、クワバラと言って、部屋の隅でちぢこまっていたという。ただ、桑の畑（桑原）に逃げ込むことはなかった。大きい桑の木に雷が落ちたこともあったという。言うまでもなく、群馬県など関東のこの地帯は養蚕地帯であり、多くの桑原（桑畑）があった。ただ、どの説が正しいかは明言できない。

参考文献

青柳智之　二〇〇七『雷の民俗』大河書房
相葉　伸　一九七五『雷とからっ風』みやま文庫
茨城民俗学会　一九六九『県北海岸地区民俗調査報告書』茨城県教育委員会
茨城民俗学会編　一九七四『太子町の民俗』茨城民俗学会
尾島利雄　一九七三『栃木県民俗芸能誌』錦正社
小山市市史編さん委員会　一九八四『小山市史』通史編Ⅰ　小山市
小山市立博物館　一九九九『雷さまと風の神』（第三九回企画展図録）
河音能平　二〇〇三『天神信仰の成立』塙書房

滝田浩二　一九八三「天祭についての一研究」尾島利雄編『民間信仰の諸相』錦正社
等々力貴子　一九七四「雷神信仰―東日本を中心として―」『民俗学評論』11号　大塚民俗学会
栃木県教育委員会編　一九七一『那須山麓の民俗』栃木県教育委員会
林屋辰三郎　一九八三「天神信仰の遍歴」村山修一編『天神信仰』雄山閣出版
宮田　登　二〇〇六『暮らしと年中行事』吉川弘文館
民俗学研究所　一九五五『綜合日本民俗語彙』平凡社
村山修一　一九九六『天神御霊信仰』塙書房
柳田国男　一九二七「雷神信仰の変遷」(『定本柳田国男集』第九巻　一九七〇　筑摩書房)
湯浅正彦編　一九八九『境町の祭り』境町史資料集6

第7章　樹霊と丸木舟

1　丸木舟の制作

木の神と樹霊

タイトルで「樹霊」と表現したが、これは「木の神」と言ってもよいかもしれないものである。また、木の神は山の神の別の姿であるという見解もないではない。その理由は通常、木は山にあり、そこに宿る神があるとしたら、山の神だからである。しかし、本章では後で述べるように、山の神と区別した木の神を考えている。

また、わが国の民俗世界でみると、神と霊との間に明確な区分はない。それは唯一神や体系化・儀礼化された神以外に、山や川、また水や火などの自然的なもの、山川草木ことごとく神になる可能性をもっているからである。自然物に霊を認めるのはわが国に限ったことではないが、わが国では、それをタマと呼び、そこにある種の霊力を認めている。霊には悪霊もあるが、稲作の生育を助けるなど、主にプラスの力をもち、やや個別性を超えた抽象的観念のものをタマである霊と区別して神と呼んだと言えなくもない（池上、一九五九）。そしてそれは山の神や田の神などと呼ばれることになる。しかしながらその差異は程度問題であるといえよう。

本章では丸木舟の製作過程での儀式を通じて、樹木を例にしながらこの問題を考えてみることにしよう。

樹霊の信仰

丸木舟は樹木から造られる。十数人の男たちによって、山で粗削りをしたあとの巨大な木材が山の奥から海辺に向けて降ろされていく。そして、海辺において丁寧にくりぬき、刳り舟、すなわち丸木舟ができあがる。この丸木舟が完成するまでにおよそ一か月がかかる。

このような作業が、たいへん長い期間、もちろん紀元前から、私たちの国の山と海岸では行われてきた。すでに二〇隻以上の縄文期の丸木舟が発掘されている。もっとも古い丸木舟は、縄文前期に遡るという（石井、一九五八）。

私は運のよいことに、一九七六年一〇月、木の伐採から丸木舟の完成までのすべての期間、参与観察をする機会を得た。鹿児島県大島郡十島村（トカラ列島）の中之島でのことである。私はそこで数年間、焼き畑を中心とした調査をしていたので、たまたまこのような機会を得た。この丸木舟はもちろん観光のためでも、博物館での保存のためでもなくて、漁業をするという本来の用途として製作されたものである。こうした本来の用途の丸木舟は日本では最後になるであろうと想定された。その製作過程は写真家の樋口健二さんの協力を得て、『最後の丸木舟』（御茶の水書房、一九八二）というタイトルで優れた写真をふんだんに取り入れた書物として出版された。

その書物のなかでは十分に書ききれなかったが、当時印象に残った儀式を述べることによって、ここでは樹霊（木の神）について考えてみたい。最初に事例を示し、その後、本章の最後に樹霊というものについて分析を行うことにする。丸木舟の製作過程で行われる儀礼を通じて、非人格的な存在としての霊や神について考えてみたいということである。

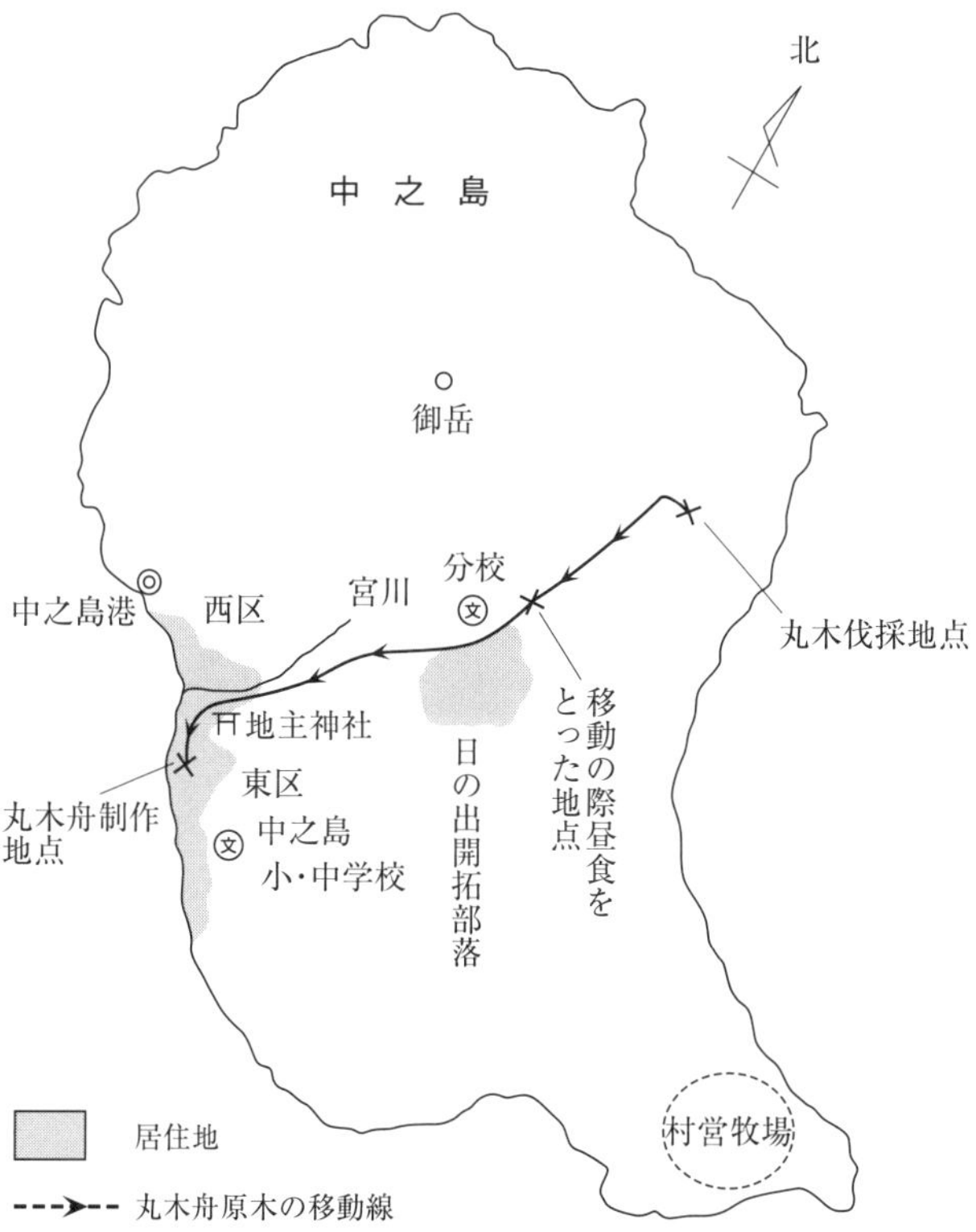

図7-1　中之島の丸木舟木材の移動
出典；鳥越皓之『最後の丸木舟』

丸木舟の製作過程

丸木舟を造るには、まず木を伐採しなければならない。その木は山の奥で伐採することになる。そして図7-1に見るように、このときは島の北側となる御岳の麓から島の西側に位置する中心集落、東区の海岸端まで材木が運ばれた。

伐採地点に男たちが到着すると、まず伐採のための儀式が行われた。最初にこの作業の参加者たちの代表が、伐採する予定の大木の根元で、樹霊(地元では木の霊という言い方をしていた)に伐採の許可を得る。焼酎と花米(米と塩と鰹節を混ぜたもの)を木の根元に献げて、樹霊に木の伐採の許可を得る。その後、近くにある別の大木に同様のお供えを献じ

写真７-１　鳥総立て
梢を伐った木の根元に立てかけているところ

て、「そこに直してください」(伐採予定の木から別の大木に移動してください)と祈りを捧げる。

これで樹霊は移動したはずであるが、もし伐採のために最初のオノを振り下ろしたときに、変な音がしたり斧が弾かれたりしたら、伐採を中止する。樹霊が伐採を許可しなかったからである。なお、最初のオノを振り下ろすときには左斧(左右の握り手を逆にして、左側からオノを入れる)で、木に打ち込む。

丸木舟にはかつてはヒトツバの木を用いていたが、大木をもたない他の島の丸木舟をこの島で造っていたこともあって、ヒトツバの木がなくなり、ホオノキ(朴)を用いるようになったという。今回伐採したのもホオノキであった。

伐採した後の根元に他の木の枝からとった「若木」を添える。これはわが国で広く見られる儀式で、一般に「鳥総立て」(とぶさたて)と呼ばれているが、この島ではとくに名称はない。通常、鳥総立ての儀式は、山の神に捧げるためであると解説されている。そうかもしれないが、ただ、ここでは、あきらかに伐った木の方に関係者の目が行っており、樹霊に償いとして捧げていると表現しておく。

『万葉集』第三巻三九一に「とぶさ立て　足柄山《あしがらやま》に船木伐り　木に伐り行きつ　あたら船木を」という歌がある。この歌はつぎのように訳されている。「鳥総を立てて足柄山で船木を伐り、それをただの材木として伐って行ったよ。立派な船木だったのに」。船木にできるほどの立派な樹木は通常は船木として使うのに、たんなる材木として使ってしまっているという批判が入った歌である。

また同じ『万葉集』第一七巻四〇二六にも鳥総立てが出てくる。「とぶさ立て　船木伐るといふ能登の島山　今日みれば木立繁しも　幾代神びそ」。

これらはともに、「鳥総立て」と船木とがセットになっており、この中之島の例と同じで、興味深い。

なお、この巻の注釈で、鳥総立ては「樹木を伐採する前に、その木の精霊を抜くために、とぶさ（梢の枝葉）を伐って、地面などに移して立てる儀礼を言う」（四〇七頁）と注記されている。「鳥総立て」は大木を伐採した後の根のところに添えるもので、伐採をする前、というのは誤りではないだろうか。また、「地面などに移して」もおそらく誤りであろう。切り株の割れ目などに枝を差し込むのである。(1)が、ともあれ、興味深いのは、「木の精霊を抜く」という表現である。ある意味でそのとおりである。ただ厳密には、樹霊に他の木に移っていただくのである。

粗刳《あらぐ》りと山だし

木の曲がり具合を地元ではフイと呼ぶが、その木幹の曲がり具合を勘案しながら、総合的に木の幹から丸木舟の姿を想定する。そして木を切り倒した現場で、この想定に基づいてハツリとオノを使って厚さおよそ七センチまで木を伐り抜く。粗刳りである。すべて男性だけの作業である。

粗刳りした生木（丸木舟）の先にカンと呼ばれるクサビを打ち込む。このカンに綱を通して、全員で山の中から里まで生木を引っ張っていく。カンの一番近くの綱をもつ者をカン元と呼び、経験のある者がなる。重い材木のすぐ近くで危険な位置であるが、彼の差配に従い山だしが行われる。ホイサホイサというかけ声で、かなりの勢いをつけながら、生木は上がり下がりの路なき路を平地に向けて降ろされていく。平地では、女性たちが食事の支度をして待っており、そこで全員が食事をする。この食事をする場所は昔から決まっているという。ここは山と里の境目のところであり、ムラ境でもある。現在は昼食と意識されているだけだが、本来は直会《なおらい》の意味があったと想定される。

ところで注意すべきことは、これが「さかむかえ」の儀式となっていることである。さかむかえとは、ふつうは、神仏参りなどで遠方に出かけた者をムラ境まで行って出迎え、そこで共同飲食をする儀式をいう。これはわが国であまねくみられる儀式である。

しかしながら、丸木舟をムラに入れるのは、遠方を旅していた人を出迎えるのとは性格を異にする。ただ、詳しく各地の事例を見てみると、さかむかえは、必ずしも神仏詣りのために遠方に旅していた人だけを迎えるのではなくて、他のムラからの嫁入りの場合にも見られる。そこで、その基本的発想は「ムラに迎え入れる儀式」と判断してよかろう。

すなわち、ここでムラに新たに入る丸木舟を迎え入れる儀式を行っているのである。とするならば、人びとは丸木舟をたんなる物質とみなしているのではなくて、いわば「生あるもの」とみなしていると考えてよい。自分たちの暮らしに身近な物質を、あたかも「生あるもの」とみなす発想は、私たちの日頃の生活のなかにも存在する。子どもの場合は、自分の大切なものに話しかけることさえままある。

ところで、山出しが終わって、集落の海辺の近くまで生木を運んだ日は、「舟だし祝い」と呼ばれる祝いがある。海に行って魚をとり、その魚を肴にして関係者全員で焼酎を飲んで祝う。この祝いの場には、めでたい魚(今回の場合は黒鯛であった)が置かれ、その肉片は出席者全員が口にしなければならないことになっている。なお、参加者は男性だけである。

ジンオロシ

一か月近い時間をかけて、丸木舟はできあがる。舟が完成したときの儀式をジンオロシと呼ぶ。ジンオロシという言葉の意味は、舟をジン（舟の下に敷いてある丸木をジンギという）から下ろして、海に出すからである。

日柄を選び、ジンオロシを行う。まず、金山様を拝む。金山（金屋）とは鍛冶屋などが崇拝する鉄の神であり、ハツリなどの道具を使って丸木舟を造ったからである。(2)

さて舟を海に浮かべるのであるが、そのときに盛装し化粧をした七歳の女の子を一人舟に乗せる。「七歳までは神の内」という古い諺がわが国にあるが、事実、この女の子はそのような特殊な存在と想定されている。盛装とか化粧というのは、もともと神であるからしたのであって、七歳という年齢も、この女の子が神（の内）とみなされていたことを示している。もっとも、見ていると、地元ではこの女の子を神として特別に仰々しく対応してはいない。いつもそうするからという理由で、七歳の女の子を盛装させて乗せているにすぎないかもしれない。あるいはすでに本来の意味が忘れられているのかもしれない。そのあたりの機微は明瞭にはわからない。

写真7-2　舟が左にまわる
左手前に舟にしがみついている女の子の頭が見える

左に三回まわる

なにはともあれ、この女の子を乗せて、丸木舟を海に浮かべるのであるから、これは丸木舟にとってたいへん重要な儀式である。ところで、舟はすこし沖に出たところで、ぐるっと左に三回回転した。位置はちょうどムラの宗社の沖合になっている。

私はこれを見て、棺桶をはじめ左に三回転する民俗事例をいくつか思い出した。粗刳りの木を運んできたときの「さかむかえ」の儀式において、丸木舟が擬人化されているという印象をもったのであるが、その事実がヒントになって、それまで抱いていた長年の疑問が氷解した。

丸木舟が左に三回回転しているのは、ほかでもない丸木舟自身がムラの宗社に舟として完成した挨拶をしているのである。つまり、もの言えぬものたちの挨拶する方法が、左に三回転することであると理解したのである。

そう理解すると、棺桶の問題も解決する。墓場で棺桶を左に三回まわすのは、死者の目をまわしてこの世にもどってこないようにするのだという解釈をしている地域がある。だが、それは少しばかり理が勝ちすぎて不自然な印象がある。そうではなくて、死者のまわりに集まって悲しんでいる家族・親族、友人に対して、死者自身の最後の別れの挨拶と解釈できるのではないか。当然のことながら、死者は口をきくことができない。すでにもの言えぬものの仲間入りをしているのである。そのために、ものを言う代わりに、左に三回転して挨拶しているということである。

ムラで育てた牛を手放す場合も、飼い主が牛を曳いて神社の本殿を左に三回まわらせる民俗事例があるが、これも牛自身がムラの神様に挨拶をしているのだと想定される。もの言えぬものたちを、このような形式をとって挨拶をさせていた先祖の智恵というか、心根とでもいえるものが連綿と受け継がれてきたということであろう。

2　樹霊について

「樹霊」とはどのようなものか

樹霊についてはは民俗学でもあまり注目されてこなかったので、研究の蓄積がない。そのため、そのイメージはボンヤリとしている。このトカラ列島でも、質問をすればとりあえず木の霊と答えてくれたが、明確な名前はないようである。深く考えなければ、それは山の神といってもよいように思われるが、ここでの関心は個別の木そのものに宿るものについてである。

じつは木の神あるいは樹霊の古い名前であるククノチは、『古事記』や『日本書紀』には登場する。たとえば『日本書紀』（上、第五段・九〇頁）では「句々廼馳」と漢字表記されている。ククとは木々のことと解釈されている。チとは神の古い表現である。雷神をイカズチ、また水神をオロチというチである。イザナギ・イザナミの生んだ神の一柱がククノチで、当然、この木の神を祭神としている神社はある。

ククノチを祭神としている神社は全国に三〇社はある。そのうちの一つである兵庫県西宮市山口の公智神社を訪れてみると、境内には木の化石と呼ばれる珪化木が散在しており、神社の説明文ではつぎのように説明されている。「御祭神は木の祖神久久能智神です」。そしてたしかに材木商などが奉納をしている。このように、神社の祭神としては木の神＝ククノチが存在する。

しかしながら、ククノチはこのような神社の祭神であることを除いて、すでに死語となっており、木の神にあたる民俗語彙は存在しない。しかし、木に、とくに巨木になんらかの霊的なものが存在しているという民俗事象は見られるので、そこから確認していこう。

成り木責めと妖怪

成り木責めは表現（民俗語彙）としてはいろいろだが、全国的に見られた民俗事例である。キゼメ（木責め）とかキマジナイ（木呪い）と呼ぶ地方が多い。正月十五日頃の行事である。

たとえば埼玉県入間市では、一月一四日の朝早く「なるか、ならぬか、ならぬと切るぞ」と大声を張りあげ、柿の木や桃の木の幹に刃物で傷をつけ」たという（文化庁文化財保護部、一九七一、一三四頁）。

また、長野県飯田市では、一月一六日に成木責めが行われたという。一人が「なりそろかか、切りそろか〔候か〕、ならぬと、すっぱり切っちゃうぞ」などの文言を唱えながらナタで樹皮に一センチ角の傷を付けると、もう一人が「なります、なります」と唱えて傷口にお神酒と豆腐を塗りつけて、本年の豊作〔実がよくなること〕を祈願したという（『信州日報』二〇一二年一月一七日）。

また沖縄では、木の妖怪の話が記録されている。それはキムジナーという妖怪である。「古木には精がある。其精が子供の形をして現れる」という。たとえば、

> 昔、羽地村源河に一人の老婆が居た。或る日河辺を通ると、河端の老木の上に睾丸の大きな子供が枝を枕に寝ているのを見た。老婆は竹竿で子供の睾丸を突っついた。すると其子供は飛び上がったと思う間もあらせずに何処へ消え失せたのか居なくなった。老婆は驚いて家に帰って来たが、夜、床に就くや先の子供に襲われて身動きも出来ず、終夜苦しめられたということである。（島袋、一九二九、一五五～一五六頁）

という。宗教民俗学者の桜井徳太郎は、この木の精のようなものを木の神と言い切っている。すなわち柿の木につい

て、次のように記す。「これは木の神の宿り木だといわれている。およそ樹木には木のスピリット（精）があるわけで、そのスピリットがあるからこそ葉が茂り成長して実を生らす。そういう観念が昔の人の素朴な感じ方であった。まさに木の精こそが成長の根源であり、それが木の神なのである」（桜井、一九九三、一〇七頁）。

巨木信仰

大きな木を崇拝する信仰がわが国には存在する。大木にグルッと注連縄をまわしてあるのをどこかで目にした人は多かろう。木を大明神としてあがめている地方が少なくない。東日本ではどちらかというとケヤキ大明神が多く、西日本ではクスノキ大明神が多い。

大阪市を調査した伊藤廣之によると、市内の各地に巨木があり、極端な場合は道路の真ん中に屹立しているという。それらはクスノキ・イチョウ・エンジュなどである。

大阪には有名な榎木大明神があるので、それを紹介しておこう。大阪市中央区安堂寺町には樹齢六七〇年と言われているエンジュ（槐）の木があり、地元では「エノキさん」と親しまれている。「榎木大明神」が祀られている。写真7−3にみるとおりである。そこの栞には「大阪市は道路都市計画上、幾度も伐採を試みられたが、伐採をした者は、不慮の事故が生じたので断念されたとのことです。（どうしても、大明神の怒りにふれるのです！）」と書いてある。

写真7－3　榎木大明神
（大阪市中央区安堂寺町）

山の神と木の神

樹木にもし神が宿るとしたら、それは山の神であると一般には考えられている。それに対する反論としては、金田久璋が鳥総立てについての論考のなかで、「樹霊は必ずしも山の神そのものではなかった。樹霊が山の神となるには、長い時間の集積と神観念の変遷を要した」（金田、一九九八、二五八～二五九頁）という言い方をしている。民俗事例をあたってみると、各地でコト八日など特定の日を山の神が木の数を数える日、あるいは散歩をする日なので山に入らないとか、特定の巨木を山の神が休む木などという言い伝えが散見する。

確かに古代のククノチの信仰は、民間では廃れたようであるが、それでも特定の木に神（あるいは霊）が宿っているという信仰は存在する。ただ、それを山の神と同一視するには無理があるように思える。それは端的に樹霊であるとしか言いようがないのではないだろうか。

丸木舟の気持ち

さて、丸木舟にもどろう。丸木舟を製作するには、巨木の伐採が不可欠である。そのため、すでに見たように、その巨木に宿る霊（それを本章では山の神と呼ばずに、樹霊と呼んでいる）を他の木に移した上で、伐採した木にトブサ立ての儀式を行った。

そうすると、その伐採された木にはもう神霊は存在しないはずである。ところが、丸木舟の製作過程をつぶさに観察してみると、たしかに樹霊は存在しないのだが、丸木舟があたかも意志ある存在（擬人化と表現したが）として、位置づけられている。「さかむかえ」らしき行事を経てムラに迎え入れられ、完成すると七歳の盛装した幼女を乗せて海に出て、島の神社の沖合で、左に三回の回転をした。ここには丸木舟になんらかの意志があるという解釈がある。三回転しているのは、丸木舟があきらかに挨拶をしているのだ。それは丸木舟を製作した人たちが、もし丸木舟が人間だったらそうするだろうと思うことを、いわば丸木舟の気持ちになってしているように思える。みんなで労力をかけて生まれたものに、そのような儀礼をさせているのだといえよう。

丸木舟の場合、その素材の段階では樹霊を移動させて空にしたうえで、舟としてのあたらしい生を与えたように見える。だが、それは霊というよりも、私は丸木舟にも気持ちがあるというような、そんな生がそこに存在しているものとみなしたい。(3)

註

（1）金田（一九九八、二三八頁）に引用されている江戸期の図（「林祭の図」）でも、切り株の割れ目に差し込んでいる。なお、本書に収録したような鳥総立ての写真は筆者は他に目にしたことがない。その意味でも珍しい写真である。
（2）縄文時代の丸木舟の研究者である網谷克彦は「木器の制作一般から見ると、ある時期に集中的に半製品をつくっておいて水漬け貯蔵し、必要になったら出してきて完成加工して使う。そういうことを丸木舟製作にも適用し得るかもしれません」（網谷、二〇〇七、六〇頁）と言っている。丸木舟の場合は、おそらく山から伐り下した段階でそうすることになるだろう。
（3）本章のような事例から、生あるとみなしている存在物が多くの歳月を経たときに、それは精霊と化し、さらに歳月を経れば、あるいは神ともなるのかもしれないという仮説を想定するヒントを得ることができる。
もっとも、このような仮説は、実証の難しいものであり、しばしば論理の飛躍が伴いがちである。そのことを承知で類似の事例を探せば、つぎの中沢新一の指摘がそうであろう。すなわち、中沢は言う。

信州にしばしば見られる「ミシャグチ神（石神―鳥越注記）が出現するのは、この地帯では水稲稲作がはじまった弥生時代の後半から古墳時代の初期にかけてのことだろうと、推測されている。そのミシャグチ神の神体は、石棒で表現されるのが、いちばん古い形で、それに石皿というこれもやはり縄文時代の生産用具が、いっしょに祀られることもある。またそこに小さな自然石の丸石が添えられることもある。水稲の栽培がはじまり、人々の意識に切断が生じた後になって、意識の断層の向こう側にある縄文時代の心のあり方を代表する石棒や石皿や丸石に霊威を認めて、新しいハイブリッドな信仰の創造としてミシャグチ神の祭祀がはじまった」（中沢、二〇〇三、五二頁）。

石棒や石皿という大切な生産用具が、時を経て、霊威を認めるようになり、それがさらにミシャグチ神となってしまったことを指摘している。

参考文献

『万葉集』（三）　佐竹昭広他校注　二〇一三　岩波書店
『万葉集』（四）　佐竹昭広他校注　二〇一三　岩波書店
『日本書紀』上　坂本太郎他校注　一九八七　日本古典文学大系　岩波書店
網谷克彦　二〇〇七「縄文時代の丸木舟研究のために」滋賀県文化財保護協会編『丸木舟の時代』同協会発行
石井謙治　一九五八『日本の船』東京創元社
池上廣正　一九五九「霊と神その他」『日本民俗学大系』八　平凡社
金田久璋　一九九八『森の神々と民俗』白水社

桜井徳太郎　一九九三『神々のフィールドワーク』法蔵館
島袋源七　一九二九『山原の土俗』郷土研究社
文化庁文化財保護部　一九七一『正月の行事』４　平凡社
鳥越皓之　一九八一『最後の丸木舟』御茶の水書房
中沢新一　二〇〇三『精霊の王』講談社

Ⅲ　山への信仰と花見

第8章　桜花への関心

1　桜を美しいとみなす以前

神に花を捧げる

前のⅡ篇でいくつかの自然の神々をとりあげた。人びとは自然そのものから、生きていくための恩恵を得ようとして、自然のシンボルとしての自然神をつくりあげた。それらの神になにを捧げたのだろうか。大まかな言い方ではあるが、わが民族は、動物などではなく、花を捧げるという発想を編み出した。隣接する中国では、イヌやブタなどの動物を殺して、そのものやその血を捧げるという事例が古代から見られるが(潘、二〇一七、七四~八七頁)、わが国ではその発想が大きく異なる。

最初は素朴に草花を手折って、それを神に捧げた。現在でも日本の各地に「花折」「花摘」という字名を見つける[1]ことがあるが、その名はこの習俗と関連している。花は祠や社に献ずることもあったし、山からとってきた花のついた木の枝を苗代田の水口(田に水を注ぎ入れるところ、田の神がいると信じられている)に刺し立てることもあった。水口の場合は、花はその季節に咲くヤマブキやツツジであることが多い。

その後、規模は大きくなり、桜を花の典型として、花木の苗木を植えて神に献じるという習俗となっていった。といったものの、現在の民俗学の知識では、草花を手折って花を捧げる行為と、花木を植える行為と、本当はどちらが先にあったのか、十分に証拠立てることはできない。現在でも両方の習俗が併存しているからである。ただ、苗木の植林の方がたいへんな労力がいるので、草花を手折る方が先であったろうと推測しているにすぎない。

ともあれ、ある時代から、苗木の植樹が始まり、その苗木は桜が典型となった。そして、その意味が次第に変わっていって、最後には花見という当初では予想もつかなかった文化へと転化していくのである。

花折

第7章「樹霊と丸木舟」に、鹿児島県十島村の中之島の全体図がある（図7-1）。この島に底なし沼と呼ばれている池がある。そこは丸木舟の伐採地点からそれほど遠くはない。その池について、伝説化した話がある。

地元の人の言うところによると、昔、父と娘がこの島にやってきたが、ある理由で父と娘がともに殺されてしまった。そこで娘はそのことをうらみ、村人が畑作業のためにこの池の横を通ると、幽霊となって現れるようになった。そこで村人は池を通るときには、もっているナタで竹を切り、その竹の節に草花を挿して、娘の霊を拝むようにした。このようにして草花を添えて拝みつづけているうちに、娘の霊格が上がり、今は池の宮姫として祀られるようになった（一九七〇年代の聞き取り）。

当時の印象では、この話は伝説化しつつある〝実話〟であったが、ポイントは草花を手折って池にいる娘の霊に花を捧げていることである。この話は私自身の聞き取りであるが、大学で民俗学の授業を学生として受講したときに、桜井徳太郎先生がつぎのようなご自身の経験を述べられたのを記憶している。

すなわち、自分が子どもの頃、母親と峠を越すときに、母親が必ず、草花を手折って、峠の神仏などに手を合わせていたという。この話はのちに桜井『民間信仰の研究』下に収録されたが、そこで桜井はつぎのような指摘をしている。
峠にさしかかった山道のたもとで、人々が小枝を折って捧げる霊地を、シバタテ・ハナタテバまたはシバオリサン・シバガミサン・オシオリサマなどとよんでいる所は、全国的な分布を示している。これらの名称が、どのような経緯をへながら出現したものか、またいかなる信仰内容をもつものなのか。その信仰の対象となる神とは、いったいいかなる性格をそなえているのか。そういう点を明らかにしなければならないであろう。シバタテ・ハナタテのシバ・ハナが、立てて拝む柴とか花とかを意味することは申すまでもない。また　シバオリ・オリバナ・オシオリなどは、その柴・花などを手折って供える動作から起こった名称であることも自ずから推察できる。（桜井、一九九〇、一二五頁）
全国の二万五千分の一の地図を拡げてみると、私の住んでいるところからさほど遠くない兵庫県内に、花折という地名があったので、訪れてみた。そこは、兵庫県三田市である。集落の外れに幅二〇メートルほどの川が流れていて、その川に車一台が通れる幅の橋がかかっている。この橋から見ると山側に集落の神社があり、反対側が花折という小字名になっている。橋は花折橋と名づけられていた。
地元の人に聞いてみると、橋を渡った先の一帯の平地を自分たちは花折と呼んでいる、と言っていた。その一帯は現在では田圃になっている。おそらく、かつては野原があり、そこで村の人たちは必要なときに野の花を手折っていたのではないだろうか。つまり、神社の前の野原（現在は田圃になっているが、位置からしてかつては氾濫原であったので村人に私有されていなかったろう）で草花を手折り、それを神社に献げたのだろう。いかにも花折という地名にふさわしい空間配置となっていた。

このような具体的な地名がなくても、まだ自然のよく残っている地方を歩いていると、祠や石地蔵などに野の花や庭の花が献げられているのを目にした人は多いだろう(2)。

じつは、この花折という行為から素朴に桜の植林へと進化したのではないらしい。桜の植樹には固有の理由があるのである。そのことは民俗学の研究であきらかにされている。そこで、その固有の理由を紹介しておく必要がある。それは農業と直接かかわってくる。

桜と農業生産

人間の長い歴史からみると、採取や狩猟・漁撈のあとに、農業が登場する。この農業に至って、人間は突然、プログラム的発想を要求されるようになってきた。狩猟や漁撈はいわば仕掛けを工夫することが中心で、獲物を得る作業はさほど複雑ではない。それに対し農業は、一年サイクルそのものが複雑な過程であるとともに、土地と水についでは少なくとも一〇年単位の計らいが必要で、作業はプログラム化せざるを得ない。

このプログラムには、田畑の開墾や肥料をとるための里山の形成、灌漑用水路のための掘削など自然に手を加える過程が含まれる。また、自然とのかかわりにおいても、このプログラムはかなり複雑なものである。農業生産のプロセスにかかわる自然というものの、一つの象徴的な姿として、桜を考えてみることができる。ここでは最初に二つの写真を添えてその説明をしてみたい。

写真8−1は、奈良県吉野山の桜の写真である。吉野山一山が桜の山になったのは平安末期と推定されている。吉野山の桜の多くは山桜である。ソメイヨシノ(染井吉野)などの雑種型(品種改良も含む)里桜ではない。だが山桜といっても、野鳥の力だけでは一山を桜の山にすることはできない。そこには人間の力が加えられている。

写真８-１　吉野山の満開の桜

古い昔をたどると、吉野山は水田耕作に不可欠であるところの水を司る水源の神、すなわち山の神が住まう山であった。水源神としての山の神は、今は吉野山の奥の水分《みくまり》神社にその姿をとどめている。

なぜ、平安末期から一山が桜の山になったのかということについては、私は荘園制の崩壊の過程での村落共同体が自立化し、それが村落の代表者による吉野山への雨乞いの儀礼として桜の花を神に捧げた（植樹）という解釈をしているが、その解釈は本書の第10章「信仰が花見見物をうながす」に譲ろう。

いずれにしろ、吉野山が一面の桜の山になったのは、自然の現象としてそうなったのではなくて、千年ほども前からの人びとの植樹の積み重ねとしてそうなったのである。すなわち、大和平野の源流である吉野山の山の神に灌漑用水の保証をしてもらう必要があった。大きな山に対しては、おそらく草花を手折るというのでは不自然であり、そのためであろうか、桜を献げるとして、苗木を植えてお願いするという習慣が成立したのである。

写真８－２　地元で麻蒔桜と呼ばれている（兵庫県竹野町）

写真8-2は、兵庫県竹野町の麻蒔桜である。この地方では、エドヒガンサクラという品種のこの桜の開花によって、麻の種を蒔く時期を知るのである。この桜はおよそ五〇〇年の樹齢であるが、この樹齢の長さに匹敵するだけの期間、この桜は麻の種の蒔く時期を教えつづけてきたのである。桜などの木の花の開花を基準に農作業時期を決めた事例は、各地から報告されている。

宮田登はつぎのように指摘している。すなわち「江戸時代の農事暦の中に、花見が用いられていたのは、花をたんに観賞するためのものではなかった。農事の折り目を、花の咲くことによって判断することが、すなわち花見であった」（宮田、一九八七、一二九頁）と。全国各地の事例にもとづいて宮田のこのような言明となっているのである。(3)

鎮花祭と予兆

このような二点に加えて、折口信夫は鎮花祭（はなしづめ）に注目して、農事を中心とした一年の予兆として桜の花が用いられたと指摘している。大切な指摘なので、やや長い引用になるが、ここに示しておこう。なお、原文の旧かなづかいを新かなづかいに改めた。

季節の変わり目。つまり「時の交叉《ゆきあい》」の頃に、ゆきあい祭りが行われた。その一つ、春夏の祭りを、特に鎮花祭という。（中略）平安朝では、この鎮花祭をやすらい祭りといった。その時のうたう歌の一句毎に囃子として、
やすらえ。花や、やすらえ。花や
といったのである。「やすらう」は躊躇するの意で、休息することを「やすらう」というのは、その転化である。この囃子は「そのままでおれ。花よ」「花よ。じっとして居よ」と呼びかけたものである。其歌詞を見ると、農事に関係が深い。古い田植え歌とよく似ている。（中略）
昔は、人間生活の単位は、どこまでも村であった。村の条件たる一つの物を代表としてすることが、村全体に対してする事になった。村の災いは、人のわざわいと、田畑の災いとが関連して考えられた。その関係は、極めて密接で、人の災いをすぐ、田畑のわざわいに感じた。桜の花は農事の前兆と考えられ、人間生活の「さきぶれ」だとも思われていたのだ。
だから、桜の花の吹きかた・散りかたで、村の生活・人及び田畠の一年間を感得した。それが民謡とか芸能が発達して、そのうたと調子を合わして行った。純粋に花を惜しむようになったのは、それが文学となってからである。万葉集は、実はこの中間にあたるもので、巻八・巻十では桜の花が綺麗だと考えられはじめている。（折口、一九三二、四五九～四六〇頁）

折口信夫らしい感性に富んだなかなか興味ある指摘である。

以上をまとめると、つぎのようになるだろう。すなわち、わが国で桜が各地で見られるが、歴史的な時間軸をとれば、桜なら花見というような娯楽色の強いところから始まったのではない。まず、花を神さまに捧げるという行為が成立する。ただ、花を折って献げるときは、それは桜に限られていない。どちらかというと草花が多い。わが国の農業生産は水田を主にし、その場合豊富な水が不可欠となる。その水を保証する水源の山の神への参拝は、山に花の木を植えるという形をとった。とくに桜が花の木の典型となった。この水量保証としての桜の植林が一つ。二つめに、農作業を始める時期の基準としての桜の開花の利用である。そして三つめが折口の指摘にしたがえば、桜の花の咲き方が一年の予兆、とりわけ農事の予兆とみなされていたということである。すなわち、すべてが生産という農事とかかわっていたということである。

2　桜を植えることから固有の文化へ

なぜ桜を植えるのか

「なぜ私たちは桜を植えるのか」という問いに対して、ここまでの説明で一応の答えとはなるだろう。けれどもこの解釈ではまだ表面的な回答であるような気がする。桜を植える事例を丁寧に調べながら、もう少し考えてみよう。

桜の自生種は桜の種（サクランボ）が鳥に運ばれていわば自然に山などに生える。ところが、桜はしばしば意図的に人間によって植えられる。柳田国男は里桜の一つである枝垂れ桜が寺に多いことに気づき、そこからいろいろと考察を始め、そしてつぎのように指摘する。

この頃（一九三〇［昭和五］年）では、小学校でも競うようにして桜を植えるようになったが、桜は民家で植える木ではなかったようで、たまたま里中にあるといえば、それは多くは堂とか祠のそばである。そして柳田はいくつかの事例を紹介したあと、つぎのように言う。

墓地や行旅死亡者を埋めた場所を表示するために、とくに枝垂れた桜の若木をもってきて植えたということも、たんにその土地が常用に供すべきでない一区画であることを人に知らせる目的以外に、人間の魂魄もまた蒼空を通って、祭られに来るものと信じていた痕跡とも想像できる。（現代語に改訳）（柳田、一九二〇、二一六頁）

この柳田の指摘は、さらに二つの研究と結びつきをもつ。一つは中世史家の網野善彦によるもので、網野は土地空間を有主（私的所有）の場と無主（無所有）の場とに分け、無主の場は「中世までは神の御はかり事」による場とみられていたとし、この無主の場を公（公界）と呼んでいる（網野、一九八六、九三〜九六頁）。

この研究から示唆を受けてまとめると、桜は現代風に表現すれば、屋敷地などの個人の私的所有地に植えられる木ではなくて、神の支配下にある公共の場に植えられる木であったといえる。その傾向は現在でもみられるのではないだろうか。

もう一つは人間の魂魄についてである。和歌森太郎は、人類文化の発達過程をみると「その死霊を守護霊らしく強化する上では、動物供養を行うことによってはたそうとするものと、花を供えてはたそうとするものとがあった。日本人の場合、多くは後者を選んだものと思われる」と指摘し、『古事記』の木花之佐久夜毘売《このはなのさくやひめ》の物語を示しつつ、「花には活霊が含まれているとは、古人の実感であった」（和歌森、一九七五、七〜八頁）と言っている。たしかに、国学者の本居宣長が自分の墓に桜を植えることを図にしてまでも詳細に指示したのも、この考え方と無縁ではあるまい。

あるいは魂魄とまでいかなくても、桜の花に何やら「あやし」の雰囲気を感じるのは、現代においてもつづいているのではないだろうか。文芸評論家の小林秀雄が、講演会で東北に出かけたときのことを書いている。

花見酒というので、或る料亭の座敷に通ると、障子はすっかり取払われ、花の雲が、北国の夜気に乗って、来襲する。「狐に化かされているようだ」と傍の円地文子さんが呟く。なるほど、これはかなり正確な表現にちがいない。（小林、一九八三、四九〜五〇頁）

桜の木を植えるということに、このような考え方・感性が文化の基底部分にあるのかもしれない。

なお、桜は個人の所有地に植えるものではないという考え方は現代でも見られると指摘した。それにかかわるエピソードをここに挟み込んでおこう。私は長野県上田市に行ったことがあり、住宅地を歩いていると、たまたまフェンス越しの庭に桜が植えられているのを見つけた。それは珍しいことなので、失礼を顧みず、戸口の呼び鈴を押すと、主婦らしい女性が出てこられた。私が庭の桜についてぶしつけな質問をすると、彼女はつぎのように丁寧に答えてくれた。

「私も個人の家に桜を植えることはよくないことは知っています。けれども、私の母（姑）は桜が大好きだったのですが、体を壊して、花見見物に行けなくなりました。そこで、庭に桜を植えることにしました。ただ植えるにあたって、ご覧になってわかるように、桜の根元に石の小さな地蔵さんを安置しました。母はたいへん喜んで、毎年、この桜を眺めていましたが、その母も亡くなって数年になります」。そして、たしかに桜の根元に、三〇センチほどの高さの石の地蔵が置いてあった。(4)

これらのような桜のエピソードから、私たちは桜を目に見えるとおりに見るのではなくて、それを文化の目で見ていることに心づく。

桜は日本文化の代表の一つである。日本人が他の花ではなくとくに桜を美しいと言うとき、ほかの花との違いを見ているといえる。桜は咲くとき、咲いているときだけ美しいのではなく、散るときも美しいという珍しい特質をもっている。日本人はそこに自分たちの人生観・社会観を重ねたのではないだろうか。良寛作と伝えられている「散る桜残るさくらも散る桜」（中村、一九九八）という世界は、日本人が好きな世界観の一つである。そのとき桜は、それを見る者にとっては自然というよりも、世界観という文化の方に高い比重が置かれているのである。

註

（1）大字・小字などの地域の一区画の名称。
（2）わが国には広く野から盆花を手に入れる習俗があったが、これも同様の習俗であろう。たとえば九州の事例であるが「8月の月遅れのお盆の時期に、採草地（草刈場）を彩る野の花を「盆花」として先祖の墓前に供える風俗が各地に残っている。阿蘇地方においても、「盆花採り」の慣習は人々の生活暦に刻み込められており、カワラナデシコ、コオニユリ、オミナエシなどを主体に、多様な草原性植物が盆花として用いられてきた」（高橋、二〇一七、二〇四頁）。
（3）同趣旨で各地の農事と桜との関係を述べたものに、宮本常一の「サクラと人間」（宮本、一九七四、一六四〜一七四頁）がある。
（4）これは文化的説明をしているのであって、個人が自宅の庭などに桜を植えることはよくないと言っているわけではない。私たちの日本の文化では、公の場に桜を植える慣習があったということを指摘しているのである。

参考文献

網野善彦　一九八六「日本論の視座」『日本民俗文化大系一　風土と文化』小学館
折口信夫　一九三三「花物語」（『折口信夫全集』第一六巻　一九六六　中央公論社）

小林秀雄　一九八三「花見」宇野千代編『花』作品社
桜井徳太郎　一九九〇『民間信仰の研究』下（『桜井徳太郎著作集』第四巻）吉川弘文館
高橋佳孝　二〇一七「阿蘇草原における生態系サービスの現状と今後の課題」横川洋他編著『阿蘇地域における農耕景観と生態系サービス』農林統計出版
中村苑子　一九九八「花に隠れてやすらぐ心」『朝日新聞』一九九八年四月六日
潘　小寧　二〇一七「古代中国における犬と人間との関係」『日本生活文化史』七二　日本生活文化史学会
宮田　登　一九八七『ヒメの民俗学』青土社（ちくま学芸文庫　二〇〇〇）
宮本常一　一九七四「サクラと人間」『花材別生花芸術全集』（『自然と日本人』二〇〇三　未来社）
柳田国男　一九二〇「しだれ桜の問題」『郷土』一（一）（『定本柳田国男集』第二二巻　一九七〇　筑摩書房）
柳田国男　一九三四「島」（『定本柳田国男集』第二巻　一九六八年　筑摩書房）
和歌森太郎　一九七五『花と日本人』草月出版（『和歌森太郎著作集』八　一九八一　弘文堂）

〔付記〕　本章は「花のあるけしき」鳥越皓之編『景観の創造』昭和堂、一九九九の一部と、「花をめぐる環境民俗学」『大阪保険医雑誌』二〇〇〇年六月号を下敷きにして、大幅に書き改めた。

第９章　見るから花見へ

１　「見る」とはなにか

花見の不思議さ

「花見」とはどういう意味だろうか。もちろん、花見とは文字どおり花見であって、東京だと上野公園の花見、隅田川の墨堤の花見、また大阪だと造幣局の通り抜けの花見が有名である。すなわち、桜を観賞するのを花見というのである。

けれども通常は、誰かが自分の庭の桜を観賞するのを花見とは呼ばない。公共の場において、見ず知らずの人も含めて複数の人間が桜を見ることを花見という。前章でふれたように、公共の場とは中世では「無主」の地と呼ばれたところで、特定の個人の私有地ではないところが原則である。それは川の堤とか、野原・山、また明治以降のお城・公園・小学校・公民館の庭などを指す。

そして原則として、花見においてのみ、花の下で宴会をすることを良しとする。梅など他の花木ではそれはない。ただ、たいへん伝統のある吉野山の桜となると、もちろん桜の時期に花見客がつめかけるが、上野公園の花見などとは異なり、やや厳粛な雰囲気となり、酒に酔っぱらって花の下で騒ぐ人たちに出くわすのは稀である。

なにやら「花見」には、「桜の観賞」という表面的な行為の現れの奥に、本来的な意味がありそうである。本章ではこの本来的な意味を探ってみたいと思っている。

そもそも「花見」は「花」と「見」に分けられる。花が桜であり、それには特有の意味があることが、すでに民俗学者や日本文学者によって一定程度あきらかにされている。本章では従来、あまり顧みられなかった「見る」ということを考えてみたい。

すなわち、花見に至る段階の前の、そもそも「見る」ということは何なのだろうかということを問いとして掲げたいのである。

論述の具体的な流れとしては、後半では花見に戻るが、「見る」ということを考えたいので、本章の前半では花見から離れて、「見る」という現象そのものに迫っていくことになる。

国見

歴史をもっとも遡ったところで「見る」という行為で注目すべきは、「国見」であろう。有名なのは、『万葉集』に出てくる舒明天皇の国見である。それは大和の国を賛美する賛歌であるといわれている。

　大和には群山《むらやま》あれど　とりよろふ　天の香具山
　登り立ち　国見をすれば　国原《くにはら》は　煙立ち立つ
　海原は鷗《かもめ》立ち立つ
　うまし国ぞ　蜻蛉島《あきつしま》　大和の国は

この国見という行為は、この歌の大和（奈良）だけではなく、全国的にかなり広がっている。たとえば常陸の国（あずまの国)では、筑波山での国見がある。筑波山は、女峰と男峰の二つの頂上をもつ山(二上山)として知られている。

鶏《とり》が鳴く　東《あづま》の国に　高山《たかやま》は　さはにあれども　二神《ふたがみ》の
貴《たふと》き山の　並《な》み立《た》ちの　見《み》が欲《ほ》し山と　神代《かみよ》より　人の言ひ継《つ》ぎ　国見《くにみ》する
筑波《つくは》の山を　冬ごもり　時じき時と　見ずて行《い》かば　まして恋《こひ》しみ
雪消《ゆきげ》する　山道《やまみち》すらを　なづみぞ我《あ》が来《け》る

一方、大和の外延に位置する吉野では天皇が吉野川の近くの吉野の宮に高殿を造り、そこに登って国見をしている。そこに「山の神」と「花をかざす」という表現が出ていることは目を引く。

やすみしし　我が大君　神《かむ》ながら　神《かむ》さびせすと　吉野川《よしのがは》
激《たぎ》つ河内《かふち》に　高殿《たかどの》を　高知《たかし》りまして　登り立ち
国見《くにみ》をせせば　たたなはる　青垣山《あおがきやま》　やまつみの　奉《まつ》る御調《みつき》と
春へには　花かざし持ち　秋立てば　黄葉《もみじ》かざせり

天の香具山や筑波山、吉野は『万葉集』などで神が宿る山とみなされていることがわかるが、その神の宿る山などの頂上に国の長が国を「見る」ことで、国の安寧と豊穣がもたらされるというのが、現在の安定した解釈である。「見る」ということのマジカルな力への信頼が、国見には示されているといえよう。
この考えは、現在までつづいている。わかりやすい例は、祭りの御輿にもそれが引き継がれている。季節ごとにムラ(集落)や町(丁)の御輿が、氏子に担がれてその担当領域を練り歩く。それはたとえばムラとすると、ムラの境まで行き、そしてまた別端のムラ境まで移動する。それはなぜだろうか。
それは明らかに、御輿に乗った神が自分の担当領域を「見る」ためであって、そうでないと、神がわざわざ神社から出てきて担当領域を移動する意味がない。御輿の中から鎮守や産土の神がそこを「見る」ことによって、見られたところに安寧がもたらされるのである。

見れど飽かぬ

唐木順三は、『万葉集』に「見れど飽かぬ」という表現の多いことに注目した。
見れど飽かぬ吉野の河の常滑《とこなめ》の絶ゆることなくまた還り見む
白露を玉になしたる九月《ながつき》の有明の月夜見れどあかぬかも
唐木は言う。
「見れど飽かぬ」「見れども飽かぬ」の用法にはどこか素朴なところがある。ひたむきな直裁さがある。自然の、たとへば椿、たとへば木の葉、また萩、或ひは浜、また月、河、さういふものに見入つてゐる。食ひ入るほど見てゐる。「見る」対象は多くは自然である。
そのように指摘したのち、つぎのように論を進める。
巻六、一〇〇五の歌は、「八年（天平八年）丙子夏六月、吉野の離宮に幸せし時に、山部宿禰赤人の、詔に応へて作る歌」である。
やすみしし　わが大君の見し給《め》ふ　吉野の宮は　山高み　雲ぞ棚引く　川速み　瀬の音《と》ぞ　清き　神さびて
見れば貴く　宜《よろ》しなべ　見れば清《さや》けし　この山の尽きばのみこそ　この川の　絶えばのみこそ　ももしきの大宮所《おおみやどころ》　止む時もあらめ
赤人によって「見れば貴み」「見れば清けし」とうたはれてゐる吉野の山河は、たとへばそのかみの人麿においては、「この川の　絶ゆることなく　この山の　いや高知らす　水激《たぎ》つ　滝の都は　見れど飽かぬかも」とうたはれたそれであった。（中略）
「見れども飽かぬ」の中には、「見る」ことの中に、さまざまな記憶、歴史が入りこみ、飽かぬ思ひをかきたてるといふことがふくまれてゐる。「見る」が単に空間でなく、時間にかかはつてゐる。見ることは過去にかかはり、そしてまたときに未来にまで及んで、それを眼前の山河において見てゐる。（唐木、一九七〇、四五〜四六頁）
唐木はこのように、「見る」ということに空間だけではなく、時間がかかわっていると指摘したあと、さらに先に挙げた天皇（大君）の「国見」の歌を例示して、見るということには「治らす」すなわち「統治」という側面が、この時代にあったと指摘するのである。
さらに唐木は、柿本人麻呂や山部赤人の応詔歌には、この種の〈見る〉の影がかかっていると解釈している（唐木、一九七〇、四六頁）。

2　花見の登場

神・霊を鎮める

本居宣長は遺言状に墓の絵を描き、その墓地の中央に山桜を植えるように指示した。それは三重県松阪市山室にあり、この山室の妙楽寺の住職が教えてくれたのであるが、現在でもこの宣長の墓にお参りに来る人で、桜の苗木を植える人たちがいるという。宣長の墓は山の中腹にあるため、その山の登り口に植えるのである。

そもそも花を神（や祖先）に捧げるという習俗は、わが国にはあまねく広がっている。ただそこには花を神さまに捧げるという習俗と、その花を依代として神が降臨してくるという習俗が混然としている。あるいはこれは混然としているという表現よりも、そこに花を存在させ、その花に神を見るといった方がよいかもしれない。

花の祭りといえば、前章でとりあげたように、京都のやすらい祭が有名である。これは「花を鎮める祭り」である。季節の変わり目に現れる神は、宮廷・人民を守るとともに、それらをおびやかす神でもあった。やすらい祭はそれを鎮めるための祭りであると折口信夫は指摘した（折口、一九三三、四六一～四六二頁）。「鎮める」とはもちろん、花に依りついた神や霊に対して、である。

図 9 - 1　桜の苗木
「桜うえふ」（桜を植えよう）といって、子どもたちが桜の苗木を売っている。（出典：『吉野山独案内』1671年）

鎮めるために花を「見る」

では、どのようにして鎮めるのか。それはつぎのような理由によって、花を「見る」ことによってであると解釈したい。

たとえば、現在、花見客でごった返す吉野山には三万五〇〇〇本の桜が植えられている。この吉野山の一山全体が桜の山になったのは、もちろん自然にそうなったのではなくて、人びとが平安末期から長い年月をかけて、桜の山にしたのである。それは基本的には、人びとの桜の苗木の寄進によってである（図9-1）。

この吉野山の桜の苗木を植えることは、山の神（のちに仏教と習合して金峰山寺の蔵王堂に花を供養することになった）に花を捧げることだとも言い得るが、ではなぜ、花そのものを捧げるのではなくて、花の苗木を植えることになるの

写真9－1　墓地の桜(京都府亀岡市)

写真9－2　墓地の桜(茨城県つくば市)

だろうか。これはすでに述べたように、祠に草花を供えるのとは異なり、吉野山の山の神という広大な対象を前にするときには、山に献げるという意味で、苗木を植えることになったという解釈が成り立つ。

そしてそのうえで、この章で見てきたように、もう一つの大切な意味があることがわかる。すなわち「花を見てもらう」ためであろう。吉野山に来る人たちが花を「見る」ことによって、吉野山の神の鎮めとなったのではないだろうか。もしそうならば、本居宣長の墓の山裾に桜の苗木を植えることも合点がいく。本居宣長の墓を訪れる人が花を「見る」そのことが、本居への供養(霊を鎮める)となるという考え方だと解釈できないだろうか。

私は墓に桜の花を植える習俗を、つねづね不思議に思っていた。写真9-1、9-2は京都府亀岡市と茨城県つくば市の墓地の桜である。これは私たちが、この花を「見る」ことが墓地の先祖の供養となるという発想だと解釈すると、すっきりする。多くの人に花を見てもらうために花を植えるのである。

現在でも死者が出ると、通夜から葬式にかけて、できるだけ多くの人が集まって手を合わせるが、それは安定性の低い霊に対して、鎮める働きがあるからだと想定される。この花を「見る」というのも、この手を合わせて拝むというのと、基本的に同様の機能をもっていると思われる。

このように、「見る」という行為には本源的には、マジカルなもの、広い意味の信仰色、あるいは単なる行為を超えたある種のエネルギーのようなものがあるのである。中世や近世の「花見」が、現在の「花のきれいな景色を楽しむ」のと異なるのは、ここのところである。

花を見ないで人を見る

ところが花見は、おもしろい展開をする。花見を媒介にして、「花」(桜)ではなく、「異性」を見るという方向への展開である。先に引用した唐木が同じ論文で、「見れど飽かぬ」が花や月や河という自然物から異性へと向けられていくことを指摘している。「うるはしみ吾《も》が思ふ君は石竹花《なでしこ》が花に比《なぞ》へて見れど飽かぬかも」などの歌を紹介してから、唐木は、

「見れど飽かぬ」の対象は異性である。男が女を、女が男を、見れど飽かぬの対象にしている。この場合の「見る」は当然恋にかかはり、性にかかはり、未練にかかはつてゐる。（唐木、一九七〇、五二～五三頁）

花見において、「見る」という行為が異性を見るというかたちで典型的に現れるのは、江戸を代表とする都会の花見である。この都会の花見は、早くから花の景色を楽しむというかたちを形成してきた。その事実は江戸時代の津村正恭（一七三六～一八〇六）による随筆『花見の日記』に見られ、それは今日は御殿山・増上寺、明日は両国橋・飛鳥山というふうに、花見の期間に江戸中の桜を見物してまわった記録である。友人とどこの桜がもっとも美しいかと議論したり、人気《ひとけ》のない静かな場所の桜を堪能したり、酒をくみかわしたりして、桜をめぐって楽しんでいる文人の姿がそこにある。この日記では隅田川近くが次のように描かれている。

秋葉のみやしろ（御社）にもうづ（詣でる）。庭ひろく造りなしたる所にて、あそぶ人つどへり（集えり）。門の内にも外にも酒うる家たちつゞき、花の木かげは糸竹のこゑ（管弦の調べ）ならぬところなし。つき山（築山）、池のわたり、たたずみありくに、わかうど（若人）の心ゆくさまにゑひ（酔い）しれ、花のむしろにまどゐして（車座になって）、たをやめ（女性）のうたふこゑなど、ほこらはしう聞ゆ。「げに、だれも、花やぎわかかりしほど（若かった頃）はかくてありけるを」と思ふにも、やうやうよはひ（齢）のたけぬる事もしられて、人しれず思ひつゞけぬ。

（『花見の日記』三九九頁）

図９－２　花を見ないで異性を見る
女性たちが男の子に見ほれている。
（出典；勝川春章筆「桜下詠歌の図」太田記念美術館蔵）

華やかで明るい花見の風情に、さりげなく個人の齢を重ねている感慨が述べられていて、その対比があざやかな印象深い記述である。

江戸を中心とした近世の都市の花見を研究した小野佐和子によると、近世の都市の花見の特色として以下のような事柄があるという。

一つめに、衣装比べの場になった。とくに女性たちがそのようで、娘たちは「おもわせぶりの目つきで、あるいは、よい香りをあたりにふりまきながら袖を振りきどってと、注がれる視線を充分意識して花の下をあるく。人妻にとっても花見は、着飾った姿を公然と人目にさらすことのできる機会であった」（小野、一九九二、一二〇頁）。

二つめに、花見は身分や年齢にかかわりなく、誰でも自由に参加でき、封建的束縛のない自由な雰囲気があった。そのため人々を互いに近づけ、「女たちにとって花見は、日常の禁忌を陽気な心持ちで破り、情動に身をまかせることのできる機会であった」（小野、

一九九二、一二六頁)。

また三つめに、常ならぬ自分としての仮装と喧嘩と酔っ払いという興奮の世界であった。小野は、「たまたま目にした『江戸名所図会』の花見の様子を描いたさし絵を見ながら、花見というのは花よりも人込みが眼目らしいと気づいたことが、花見を調べるきっかけであった」(小野、一九九二、三頁)と述べているが、たしかに花よりも人(とくに異性)に関心が高まる場となった。図9-2がその様子を如実にしめしていよう。この変化を経て、現在では桜花を見ながら、人出も含めた花見の雰囲気を楽しむという方向に進み、花を(見る)という本来の性格は、限られた場に出てくるだけになったといえよう。

善い行い

そもそも、花を「見る」ことが供養(神や霊を鎮める)となるという考え方は、「見る」ということに特殊な力の存在を認めていることである。それは対象とのコミュニケーションであるが、それは対象に精神的でマジカルな力を注ぐという意味で、制御するという側面があることは否定できない。だが、それは「安寧」など、善い方向に制御するということである。

多くの人に見てもらうことが、花見の本来の目的であったとするなら、おそらく、子供が産まれたので見にきてくださいということや、花嫁が家を出発するときに多くの人が見に集まること、死者を多くの人で見送ることは、たんなる個人的興味で集まっているのではなくて、合掌と同じように何らかの善い力を与えることを意味したのではないだろうか。つまりは、花の苗木を植えることは善い行いであり、花を「見る」ことは善い行いであったといえるのではないだろうか。

参考文献

『花見の日記』津村正恭　板坂耀子校訂『近世紀行集成』一九九一　国書刊行会
『万葉集』小島憲之他校注　一九九四　小学館
唐木順三　一九七〇『日本人の心の歴史』筑摩書房
小林忠編　一九九六『肉筆浮世絵大観』五　講談社
小野佐和子　一九九二『江戸の花見』築地書館
折口信夫　一九三三『花物語』(『折口信夫全集』第一六巻　一九五六　中央公論社)

〔付記〕　本章は「見るから花見へ」伊藤唯真編『宗教民俗論の展開と課題』法蔵館、二〇〇二、に加筆をしたものである。

第10章　信仰が花見見物をうながす――吉野山から考える

1　吉野山が桜の山に

吉野山の桜とカラス供養

吉野山は元来、信仰の山である。その吉野山が、全山桜の山になってしまった。信仰が桜の山にさせたといえるが、それはたいへん長い歴史をもっている。『古今和歌集』『新古今和歌集』の時代にもこの吉野の桜はよく詠われた。それが東京の上野の桜や隅田川の堤の桜などの純粋に観光と娯楽の桜とは異なっているところである。
吉野山において、人びとは桜を植えつづけた。前章ですでに指摘したように、桜というものがあれほどかたまって生えるということは自然にはあり得ない。人びとが代々桜を植えつづけたからである。『古今集』の序に、桜の花をさして「それは雲のようだ」という吉野山の桜が登場する。雲がたなびくように山全体が桜なのだ。それほどに人びとは吉野山に桜を植えつづけたわけである、
吉野山では、少しお金のある人だと、桜の苗木を一〇本なり一〇〇本なり、購入して植えさせる。あるいは私ども庶民だと、一本の桜の木を買って植える、というようなことをしてきた。もっとも、この習慣は吉野山だけではなくて、日本の伝統として記念に木を植えるという発想がある。ともあれ、植えていくということで吉野山の桜は守られ

てきた。(1)

もちろん人間が植えつづけたことが一番の貢献だが、貢献したのはじつは人間だけではない。吉野山では、カラスが山桜を増やしてくれたといわれている。桜の実を食べたカラスの糞のなかに種が混じっていて、それがあちこちに広がったのである。専門家の話でも、鳥を媒介にするのが、山桜の本来の自然の広がり方だそうだ。鳥が増やしてくれるので、山桜が山の奥の方にもポツンと離れて成長することになる。

吉野の山里、現在は山里ではなくて観光客のための商店がならぶにぎやかな町だが、そこでは「カラス供養」という民俗行事があった。カラスが桜の実を食べる、それが桜を増やす。だからカラス供養といって、人びとがカラスに感謝をする気持ちを表して、飛んでいるカラスに向かって餅を投げるのである。そうするとカラスがヒョイと餅をくわえる。この行事が昭和の初めの頃まで吉野ではあった。(2)

カラスというのは、お餅を投げるとくわえるクセがあるそうだ。柳田国男が一九三四年に「東京朝日新聞」に記事として書いたことなのだが、「雲仙の国立公園のゴルフ場では、たった一つだけ困ることがある。あの山の烏は横合からやって来て、飛んで居る球をくはへて行ってしまふ」（柳田、一九三四、一四七頁）とある。ボールを打つと、その空中に飛んだボールをカラスがくわえて飛んでいってしまってキャディーさんがたいへん困ったそうである。どうもカラスというものは、そのような習性があるようである。

もちろん、カラスが活躍したから吉野山一面が山桜になったのではない。だが、大切なのは、そのように考える人間の気持ちの方ではないだろうか。吉野山に、まさに花でもって華やぎを与える。それにカラスが貢献しているのだから、カラスに感謝しようという発想が行事となった。こういう発想がとても大事だと思う。今までカラス供養というものにあまり関心はもたれてこなかった。けれども、そのように理解しなおすと、たいへん意味深い行事であることに心づくのである。

人間と自然とのたたかい

カラス供養をするほどに、人間はカラスに感謝をしたのであるが、それは裏を返せば、吉野山は本来は桜が繁茂する山ではなかったことを意味する。調べてみると、この吉野山周辺の山々はマツ・スギ・ヒノキを中心としたいわゆる常緑樹が覆う山である。これらの木を伝統的には松柏と呼ぶ。この松柏と桜との攻防戦が吉野山では行われていたのだ。

寛文一一年(一六七一)に編纂された名所案内記である『吉野山独案内』はつぎのように言っている。

松柏は強固で樹齢も長いが、桜は短命であるだけでなく、せっかく植えても苗木が花をつけるには年数がかかるし、また途中で枯れる桜も多い。そこで木々が密に繁茂しない山になりがちだが、桜はさすがに蔵王権現の神木なので、他国では見られないほど多く見られる。(現代語訳に改めた)(『吉野山独案内』二四〇〜二四一頁)

この書の言うとおり、蔵王権現のご利益もあったろうが、地元で聞き取りをすると、ずっと昔から、地元では寄進で植えられた桜に対して、桜によいといわれている灰を肥料として根元に撒いたり、木に巻き付くツルを取ったり、枝切りをしたり、という手入れをしつづけてきた伝統がある。

ともあれ、松柏と桜との攻防戦とは、言葉を換えると、松柏が自然であり、桜が人(人間が手を加える)であるという、自然と人とのたたかいであった。そして吉野山においては、人が勝ったのである。なぜ吉野山において人が勝ったのであろうか。それは吉野山が信仰の山であったからである。

吉野山への信仰

第8章「桜花への関心」の冒頭でごく簡単にふれたように、吉野山は大和政権を担う大和平野の水源の山であったのである。天皇は雨乞いのために吉野山に使者を派遣している。明確な場所名が出てくる初出は『続日本紀』文武二年(六九八)四月「奉馬于芳野水分峰神。祈雨也」という記述である。すなわち祈雨のために使者を使わして神馬を奉献している(『続日本紀』一〇頁)。ここに出てくる芳野水分峰神とは現在の吉野水分神社にあたる。

大和平野そのものは水田稲作に不適切な場所とは言い切れない。しかしながら、いわば首都としての人口の増大に対する周辺地域の田の開墾まではできるとしても、水田稲作は多量の水を要求する。土地は開墾できても、水が十分ではなかったと言える。これが雨乞い行事を必要とさせたのである。

じつは雨乞いは、この大和平野にかぎらず、日本の多くの村落で行わねばならなかった行事の一つである。湿地帯があったり、長期の雨期をもつ地域(外国)から、いわば〝輸入〟された稲は、必ずしも日本の自然に適合した作物ではなかった。ただ米は、イモ(里芋や山芋)に比べて数年間の長期保存できる作物であったので、政治的には貴重なものであり、どの政権も年貢として米を要求するようになる。

ただ、国の長である天皇が、吉野の山、すなわち吉野山の山の神に雨乞いのお願いをしたとしても、それでもって吉野の山一面が桜の山になるということはない。そこにはつぎのような変遷がなくてはならない。吉野の山に特定の限られた政治的・宗教的支配層が関与することを超えて、そこに多くのふつうの人たちが関与すること。つまり、吉野の山の信仰に庶民が「多数」参加すること、すなわち数が条件となる。

山の神に農民が祈願をする

時代は変わりつつあった。律令国家体制の崩壊が始まったのである。それは七〇〇年代、八世紀の頃だ。そして東大寺などの大きな寺院が荘園の経営に参入し、さらに未開発地を開墾し始める。それから徐々に中世の荘園制が成立し始める。現地での経営の責任者として名主が登場するが、大和などの畿内では名主は村落内の有力農民がなったことを荘園研究は教えてくれる（阿部、一九六〇）。そして耕作農民が少しずつ実質的な所有権（占有権や耕作権）を獲得していく。自律農民と開発による水田の拡大、それらはいわゆる農民たち自身による村落共同体の成立へと結びついていく。水田に水を導入するためにも、共同体と呼ばれる相互の協力と話し合いによる組織体が不可欠となってくるのである。

ここに自分たちの水田への水をお願いするために、農民たちがゾロゾロと連れ立って、水源の山の神、吉野山に向かうことになったのである。そのときかれらは手ぶらで吉野山に向かったのではなく、桜の苗木をもって祈願したであろうと想定される。「想定される」という言い方をするのは、何を献げたのかを示す確たる証拠がないからである。もう少し時代が下がると、たしかに手に桜の苗木をもった姿が絵に描かれたりしているのだが（図9−1）、当該の時代のものを私は見いだしていない。ただ、間違いなくその頃から吉野山がたいへんな勢いで桜の山になっていくのだから、想定は間違っていないと思う。

すなわち自律した農民たちによる村落共同体の成立が、水を差配する神としての吉野の山への祈願となり、それが神木と呼ばれるようになる桜の植樹として展開するようになったと想定される。そして、その後、桜の植樹によってのお願いは、雨乞い祈願だけでなく、もっと広い願い事も含まれるかたちへと発展していく。

2　桜を鑑賞する

桜と文学

荘園制が姿を現し始める七〇〇年代、その後半に歌集『万葉集』が編まれた。折口信夫が「花物語」という文章でつぎのようなことを指摘している。すなわち「万葉集では存外、桜の花が問題になっていないのは、なぜだろう（中略）。〔桜は〕賛美の意味ではなくて、ただそれを見た、という位にすぎない」。そして折口はつぎのような万葉集からの歌を紹介する。

この花のひとよのうちに、ももくさの詞《こと》ぞこもれる。おほろかにすね（一四五六）

そして折口はつぎのように説明する。「この花をよい加減に見てくれるなというので、恐らくは、桜の花の枝に消息を結びつけてやったものであろう。これまた、桜の賛美ではなく、利用しているに過ぎない。この時代は、桜の花といっても別に、我々が持つような感銘は、なかった訳だ。（中略）上代においては、桜は観賞するためのものではなく、もっと人間の生活にとって意味があったのである」（折口、一九三三、四五九〜四六〇頁）（現代かなづかいに改めた。また一部の漢字をひらがなにした）。

桜に関心がもたれているとしても、『万葉集』の時代はまだ鑑賞ではなくて、生活用であったのだ。この指摘は、本書の前二章から見てきた事例からも十分に首肯できる。そこではまだ「吉野」＝「桜」という強い結びつきはない。

ところが、『万葉集』からおよそ百数十年ほど後の平安中期、『古今和歌集』（九〇〇年代の初めに成立）に至って、はじめて吉野と桜が結びつく。紀貫之はその序文で、「春の朝、吉野の山の桜は人麿が心には雲かとのみなむ覚えける」と記している。また、歌としては紀友則の次の一首が両者を結びつけた最初の歌であり、さらには少し時代が下がった紀貫之の歌が、吉野の桜が世人に注目されてきた証拠といえるのではないかと、研究者たちに指摘されている（松前、一九九二、桐井、一九九三）。

みよし野の山辺《やまべ》に咲ける桜花雪かとのみぞあやまたれける（紀友則）
越えぬ間は吉野の山の桜花人づてにのみ聞きわたるかな（紀貫之）

桜に美を見る

時代的にいえば、この『古今和歌集』と次の『新古今和歌集』（一二〇〇年代初期に成立）との間の時期、それは荘園をめぐる土地争いの紛争の時期であり、鎌倉幕府の成立を間近にひかえた一二世紀の頃である。この時代、西行（一一一八～一一九〇）が登場する。西行が出家した理由にはさまざまな憶測があるが、少なくとも間接的にはこの荘園の紛争が西行の生き方を左右している。
西行は吉野山の奥に庵を結んだ。西行の桜の歌がそれまでの吉野山の桜の歌と異なっているのは、西行は間違いなく吉野山に住み、実際の桜を詠んだことである。この西行の歌は『新古今集』に収録されることになる。

吉野山桜が枝に雪散りて花遅げなる年にもあるかな（西行）（『新古今集』春上・七九）

卓越した歌人でもあった西行法師の影響下、「吉野は、都人の観念の中で美的な増殖を続けたと言えよう」（原田、一九九二）。すなわち、西行によって吉野山＝桜という構図が観念的で美的な増殖をつづけながら『新古今和歌集』に結実していくのである。
そして、政所賢二の指摘によると、『新古今和歌集』においては、吉野を詠った歌の二四首のうち、じつに一四首

（約六〇パーセント）が同時に桜を詠み込むという驚くべき状況になってしまった（政所、一九八七）。

このように見てくると、西行が契機になって、吉野山＝桜が一三世紀の『新古今和歌集』の時代には定着したとみなしてよかろう。すなわち観念世界では、「花の吉野山」は一二世紀から一三世紀、つまり平安末期から鎌倉時代にかけて成立したと言うことができる。

なお、観念世界という言い方をしたのは、一面の桜の山になっていく現実を、歌を詠む素養のある上層階級の人たちから見ればそうなるということであって、現実の庶民はすでに見たように、もっと実利的な功徳を願って吉野山を桜の山にしていったと言ってもよい。ただ、吉野山の桜を「美」というものと結びつけた貢献は、これらの歌詠みたちにあったと言っても過言ではなかろう。

3　吉野の花見見物

太閤の花見

吉野の花見といえば、「太閤の花見」が有名である。それは「豊公吉野花見図屛風」などに描かれている（鳥越、二〇〇三　口絵）。豊臣秀吉は徳川家康・宇喜多秀家・前田利家・伊達政宗らの重臣を含め、五〇〇〇人を引き連れて盛大な花見を行った。それは関ヶ原の戦いが始まる六年前の文禄三年（一五九四）のことであった。そして秀吉は「とし月をこころにかけしよし野山　はなのさかりをけふみつるかな」と詠んだ。

ここにはもう、山の神に雨乞いのお願いをするという当初の吉野山の姿はない。吉野山の桜を見物するという目的が表に出ている。

秀吉は先のような歌をつくったけれども、しかし太閤の花見をした人の多くは、吉野山の社寺に手を合わせただろうと推察する。やはり、祈願という側面も多くあったことがつぎの文献でも知れる。この頃、三条西君条《きみえだ》が吉野の花見に詣でたときの日記の天文二二年（一五五三）の条でつぎのよう書いているからである。

願い事があって桜を植えるということだそうで、見てみると、寄進した百本の木のひとつであるという札がつけてあって、二尺（六〇センチ）ほどの高さになっている。三〜四年も経てば、見事な桜の花が咲くだろうと思ってつぎのような歌をつくった。（『吉野詣記』、現代語訳した）。


咲き散るは今日見尽しつ心なほ若木に残す花のみ吉野

このように、大きな願い事があると、一〇〇本も寄進する人もいたようだ。こうして願い事と花見という二つの目的が重なった状態で、吉野の山は一層の桜の山になっていくのである。これは江戸時代もつづく。ところが明治になり、大きな変化が起こる。

明治になり桜の伐採が始まる

江戸時代までは寺院の力で「殺生禁断」が実行されていた。すなわち、「吉野山掟条々」（寛文九年（一六六九）制定）というものがあり（吉野山町史編さん委員会、一九七二）、神木である桜を伐採した者に対しては罪科を申しつけるとなっていたのである。

ところが明治になると、廃仏毀釈により、金峰山寺の本坊実城寺が廃寺にさせられただけでなく、吉野山一山の桜も伐採の対象になった。「吉野山掟条々」が無力となったからである。

この伐採は、国家権力が行ったわけではなく、いわゆる庶民が利益がらみで行い始めたのである。これは吉野山だけのことではなくて、日本全国の広い範囲におよぶ。すなわち、今まで社寺に対する信仰を通じて守られていた巨木などが商品的に値打ちがあると判断され、伐採が広がったのである。少し時期がずれるが、和歌山で神社合祀運動に反対した南方熊楠の言論も、同種の被害による反対運動であった。
ただ吉野山では、明治の二〇年代に入ると、桜の山を守る運動が始まる。そして現在も保存運動がつづけられ、花見見物客を楽しませるほどのみごとな桜の山を保持している
もっとも、地元の商店街の人たちからの聞き取りによると、桜を守るために自分たちはがんばっているが、それは桜が商売になるからという気持ちが第一で、神木だから守るという気持ちは全体的に薄れつつあるということだった。そうすると近代以降は、桜を伐採するのも守るのも、自分たちの利益が左右しているという側面がある事実は否定できないといえるかもしれない。

註

(1) 日本では記念のために木を植えるという行為以外に、梅や椿は、『万葉集』の時代はもちろんのこと、とても古くからその実をとるために植えるという生活上の植樹があったので(宮本、一九七三、一四五頁)、その延長上に記念で植えるということが成立したと考えられなくもない。
(2) このカラス供養は民俗学的に考えると、烏喰《おとぐい》神事であった可能性がある。これは山の神神事の一つで、カラスに餅を食わせることを通じて行われる祭りである。これは地域によると「烏まつり」「烏よび」とも呼ばれるものである(吉野、二〇〇八、一九四頁)。

参考文献

『続日本紀』青木和夫他校注　一九八九　岩波書店
『吉野山独案内』謡春庵周可　一九八一　近世文学資料類従　古板地誌編十五　勉誠社
『吉野詣記』三条西君条（『中世日記紀行集』新編日本古典文学全集　小学館　一九九四）
阿部　猛　一九六〇『日本荘園成立史の研究』雄山閣
折口信夫　一九三三「花物語」（『折口信夫全集』巻一六巻　一九六六　中央公論社）
桐井雅行　一九九三「吉野山の桜」『吉野山桜物語』奈良県吉野町経済観光課
鳥越皓之　二〇〇三『花をたずねて吉野山』集英社
原田敦子　一九九二「花と雪と信仰の吉野」大阪成蹊女子短期大学国文学科研究室編『吉野の文学』和泉書院
松前　健　一九九二「総説」大阪成蹊女子短期大学国文学科研究室編『吉野の文学』和泉書院
政所賢二　一九八七『万葉論考と吉野歌集』武蔵野書院
宮本常一　一九七三『花材別生花芸術全集』（『自然と日本人』二〇〇三　未来社）
柳田国男　一九三四「烏勧請の事」『東京朝日新聞』（『定本柳田国男集』第二二巻　一九七〇　筑摩書房）
吉野山町史編さん委員会　一九七二『吉野町史』上巻　吉野町役場
吉野裕子　二〇〇八『山の神』講談社学術文庫

〔付記〕本章は、鳥越皓之『花をたずねて吉野山』（集英社、二〇〇三年）の一部に大きく依存して加筆訂正。なお、この書物で紹介したデータを使って、第8章と第11章でも利用している。

第11章　花見を楽しむ

1　伝統的な花見

嵐山の風景

現代は純粋に花見を楽しむ時代になっている。そこには祈願とか信仰というものはほとんどない。花見を楽しむのはとてもよいことだと思う。上野の花見や大阪の通り抜けの花見、また各地のお城跡での花見など、さまざまな場所の花便りが聞かれ、桜の時期には日本国中が浮かれる。

このように、桜の花を景色として楽しんだのはいつ頃からだろうか。信仰のなかにも楽しみが紛れ込んでいたので、時期の断定は難しい。ただ、古くから楽しみが成立していたのはどこだろうか、と探れば、それは京都の嵐山となるのではないだろうか。

平安時代、京都の貴族にとって、〝自然〟とは嵐山であった。決して京都の背後の丹波・丹後の荒々しく自然に満ちた山々ではなかったし、目の前に峨峨とそびえる比叡山でもなかった。もっと人の手の加わったやさしい自然、それが嵐山であった。いわば自分たちの庭の延長上にあって、庭よりももう少し自然なもの、それが嵐山であった。そして春の桜は嵐山にとって大切なものだし、現代もこの季節に多くの観光客が押し寄せる。

心のうさを洗う場所、嵐山

今述べたように、嵐山は古い昔から「自然」とみなされてきた。京の都人が自然を求めて短い旅をしようとするとき、訪れる最大の候補の一つが嵐山であり、「心のうさを洗う」場として「暇あらばたづね来ませよみやこ人」とうたわれた場所である。そして現在も、大阪や神戸など都会住みの人にとっては、嵐山は自然を求めてくる場所である。

この場合の自然とは、どのような自然なのであろうか。それは遠い昔から徹底的に手を加えられつづけた自然である。

嵐山と小倉山というおとぎ話のような丸い山と、桂川（大堰川・保津川）というゆるやかな川と、そしてそれにかかる渡月橋というセッティング。徹底的に手を加えたという意味は、田や畑のように農業生産のために手を加えつづけたのではなくて、私たちがイメージする〝自然〟を形成するために手を加えつづけたということである。つまりは、美しい自然をつくるために手を加えつづけたのである。言い換えれば、嵐山を見れば、私たちがイメージする「美しい自然」がどういうものかがわかる。

どこに手を加えたかというと、基本的には「色」を加えたということである。私たちは色彩の変化を美しいと思うらしい。春の桜、夏の川辺の松、秋の紅葉、冬の雪である。嵐山では、冬の雪は別として、これら三つの植物を徹底的に植えつづけたのである。その結果、本来の自然の植生からほど遠い景色がそこに形成されたといえる。そしてこの三つのうちのいずれかが少なくなると、強固な植林運動が常に起こっている。

最近の規模の大きいものでは、一九四七年時点で嵐山には一万五〇〇〇本の松が育っていたといわれるが、マックイムシの被害を受けたので、一九八二年に「嵐山再生五十年計画」を作成し、毎年かなりの数の植樹を実施している。

私たちが春の嵐山の桜が美しいと言うとき、桜花はもちろんだが松やその他の葉の緑も楽しんでいる。それを望ましい自然として楽しんでいるのである。そこには、嵐山や小倉山を原生的自然に戻そう（つまり手を加えつづけることを止めよう）という発想はまったくない。このような美しい自然、楽しむ自然、ことばを換えると、人間が手を加え

写真11-1　振り返らないようにして急いで渡月橋を渡る母娘　背景の丸い山は桜咲く嵐山

写真11-2　桜餅

つづけた自然を積極的に認めており、近年のエコロジー論とまったく対立する考え方となっている。

さらに、人間の伝統的発明の力は、このように自然に色を加えるということにとどまらないで、現実はもっとおもしろい仕掛けをつくっている。四月一三日は「十三参り」の日で、一三歳の子どもは、渡月橋からさほど遠くない法輪寺にお参りをする。この時期は桜の満開の頃である。お参り帰りの子どもたちは、渡月橋を渡るときに振り向くと知恵をとられると信じていて、彼らにとっては渡月橋を渡ることは緊張のいる瞬間である。春の嵐山の風景はこのような着飾った子どもの緊張しつつ歩く風景でもある。

また、渡月橋の近くには桜餅の店がいくつかある。桜の名所であることが桜餅を有機的に結びつけているのであり、たんに、ある商店街で桜餅を売っているのとは意味が違う。桜餅も桜という自然の延長なのである。

このような行事や菓子という文化、その懐まで奥深く人為的自然が浸透したところに、伝統的な美をつくってきた嵐山の特徴がある。

和歌森太郎は、自然の一つである花を指して、「花は、人間生活にとり、文化的存在である」と言いっている。そして花の美しさを感じるのは鳥獣ではなくて人間の心だけであり、それも「花を認識し、これを人生に活かすことは、じつはかなり高度な文化性」（和歌森、一九七五、一～五頁）が必要なのだといっている。嵐山を見ているとこの指摘がよくわかる。

2　都会の花見

花の下で宴会

花見を楽しむ文化は、とりわけ江戸で盛んであったようである。江戸時代にも飛鳥山・隅田堤・御殿山などいくつかの桜の名所が生まれた。とくに享保年間（一七一六〜三六）の桜の植林によって江戸の花見が庶民の間でも広く楽しまれたようである。文政一〇年（一八二七）に発行された岡山鳥の『江戸名所花暦』によると、「隅田川は江戸第一の花の名所にして」（二七頁）とあるから、隅田の堤がとくに有名だったのであろう。

第8章「桜花への関心」で指摘したように、柳田は、死んだ人の場所を示すために桜の若木を植えるというような指摘もしているし、個人の屋敷地には植えなかったというような事実をならべると、なにやら桜は不気味なものに見えてくるが、その逆を示すような行為もある。それは桜の木の下での宴会である。桜の花の下でだけ、車座になって宴会をすることとは社会的通念として許されている。

なぜ、桜の木の下でだけ、私たちは宴会をする気持ちをもつのだろうか。桜井満によるとサクラのサは穀霊を意味し、クラは神座を表すから、サクラは穀霊の依代という意味をもっているという（桜井、一九九四、一七頁）。あまりにもできすぎた解釈のようであるが、そうかもしれない。しかしともかくも、桜は神なり霊魂なりとかかわりの深い木であることはまちがいがなさそうである。そうだとすれば、桜の木の下で共同飲食をする風習は非常に奥深い歴史をもっていることになる。

民俗学のこの分野の研究の成果を和歌森が次のようにうまくまとめてくれている。すなわち、「花見は農民が、い

写真11-3　席取りは若者の役目
（東京・上野公園）

よいよ農事にせわしくなる直前の一日、山遊びのうちに行うものであって、山見とも称していた」と。そして、次のようにつづける。

花見は神ごとであったから、とうぜん酒を酌みかわすのであった。それは稲作農事のように幾人かでの協同作業をもってする仕事仲間が、協力を誓いあうための酒ともなった。神酒を媒介にして、これを相嘗めすることから、陶然たる興奮のうちに互いの同心を確認しあうものであった。花見の機会に、平素の作業仲間が、兄弟契りということをしたという習俗にも、それがあらわれている。（和歌森、一九七五、三七頁）

桜の木の下で車座になって、飲食をともにするのは、春のこの季節の風物詩ともなっていたが、それは都会に広がり、さらに現代に及んでいる。会社など社会の組織体でも、桜の季節になると、同僚で宴会をすることが楽しみの一つとなっている。新入社員に早めに仕事を切り上げさせ、桜の下での席取りを義務づけている会社もある。写真に見るとおりである。
このような現代的な行為にも、さりげなく神ごとの共同飲食である「直会」の伝統が入り込んでいるといえよう。

参考文献

『江戸名所花暦』岡　山鳥　一九九四　八坂書房
桜井　満　一九九四　『花と日本人』雄山閣出版
和歌森太郎　一九七五　『花と日本人』草月出版

〔付記〕　本章は「楽しみの自然論」『環境情報科学』二八―一、一九九九年を加工して作成したものである。

Ⅳ　信仰世界と実践

第12章　斎場御嶽を男子禁制の場にできないだろうか

六つの神域をもつ斎場御嶽《せーふぁうたき》（沖縄県南城市知念）は琉球国の最高の聖地といわれている。そして世界遺産にもなった。けれども、観光によって、とても〝聖地〟とはいえないものになっている。そのことを残念に思っていたので、沖縄の新聞、『琉球新報』の文化欄に一つの考え方を示す機会をもたせてもらった。


近年の沖縄への観光客の増加には目をみはるものがある。とくに最近は本土からだけでなく、近隣諸国からの観光客も増え、それは沖縄経済の振興の立場からも歓迎すべきことだ。こうした観光客の増加の背景には関係者の努力があることはもちろんだが、やはりその魅力の根源として、沖縄の自然の美しさと人びとの歴史の蓄積の見事な調和があることは否めない。

観光のシンボル的存在の首里城をはじめ、各地の城が政治的な空間であるのに対して、沖縄の精神的な空間としては御嶽がある。小さな村にも御嶽があり、そこは地元の人たちだけではなく、訪れる人たちも心休まる場所で、まさに自然と生活の歴史とが調和した空間といえよう。

この沖縄の御嶽の頂点に立っているのが斎場御嶽だ。世界遺産としてもその名を連ねている。しかしながら現実の斎場御嶽は、観光コースのなかで、付け足しのような小さな位置づけになっている。神聖な雰囲気は薄れ、村の御嶽

写真12-1 斎場御嶽

ほどの澄んだ空気を感じない。もっとも、戦後のススキの生い茂った斎場御嶽を現在のように整備してきた関係者の努力は評価すべきことであろう。ただ、斎場御嶽は時代が変わりつつあるなかで、現実の変化の方向と微妙にズレ始めているのではないかと私は思う。
沖縄の観光の対象物は、沖縄の伝統文化を守りつつ観光客に便利に、という方向で整備されつづけている。斎場御嶽では、展示センター、歩きやすい歩道、杖の無料貸し出しなど、いろいろな配慮が行われている。場所ごとに説明板もある。しかしながら、この説明板からいつの間にか消えたのは、かつては男子禁制であったという文言である。男女平等化の時代に反するという考えにもとづく配慮であろう。しかし、これからの私たちが考えなければならないのは、伝統文化をかたちだけでも守ろうということから、伝統文化の本質を生かすということへの発想の転換だろう。
では斎場御嶽の場合はどうすればよいのであろうか。私はとりあえずは男子禁制であったもとのかたちにもどすべきだと考えている。御嶽の本源は神聖さであり、その神聖な厳かさを一歩一歩取り返していく必要がある。性別による禁制は、時代の流れに反するという反論が十分に予想される。しかしながら、禁制を守っている空間が日本にも少なからずある。山岳信仰の大峰山、大相撲の土俵などがよく知られている例だろう。「誰でもが自由に」はとてもよいことだが、村の御嶽で「ここからは神聖な場所なので入らないでください」と看板があれば、観光客はなんらの不快感もなく、それを守るだけの成熟度を示してきた。

けれども他面、私は頑なな禁制は、現状の斎場御嶽では有効な施策ではないことも自覚している。かつて、斎場御嶽にやむを得ず男性が入る場合は、女装をすれば許されるという習慣があったそうである。この考え方を採用すればおもしろそうである。女性は自由に入れるが、どうしても入りたい男性は女装すれば入ってもよいとする発想はどうだろうか。女装を表す道具はいくつか考えられる。女性の半幅帯を捲けばよいか、女性の着物、かんざし、いろいろなものが思い浮かぶが、男性にとっても楽しめる女装の道具がよいように思う。

観光客に便利にという好意は、ある段階まではよいことなのだが、結果的には、かたちだけ伝統文化を守り、伝統文化の本質的な精神を失ってしまう恐ろしさがある。現在の観光客は成熟しつづけており、そこに住んでいる人たちの先祖代々大切にしてきた伝統文化の本当の姿を知りたいと思っている。斎場御嶽はそのような場を将来的に形成できるだけの装置をもっている。歴史公園化していくのではなくて、神聖な空間としていくべきである。それが「世界遺産」の本来の精神でもあると思うのである。

〔付記〕　本章は『琉球新報』二〇一〇年三月三〇日(朝刊)を再録したものである。

第13章　神の土地と学問の実践

本章は、沖縄大学で二〇〇四年二月七日に開催されたシンポジウムの共通テーマ「学問における実践とは」で発表したものにもとづいている。民俗学が実践性を考えるというのはなかなかに難しいことだが、一つの見解を示すことはできたのではないかと思っている。

1　学問にとっての実践

「学問にとって実践とは」という問いかけは、学問はどのようにすれば役に立つのか、という課題から出ているようだ。ただ、「学問」と「役に立つ」との結びつけは、研究者が役に立つ分野を探し求めて、役に立ちそうなテーマを選んでそれを学問とする、という軽いものではないだろう。

柳田国男は「私たちは学問が実用の僕《しもべ》となることを恥としていない」と言った。それを、学問は高尚なものだから、実用というような世俗的なことを対象としないのが本来だが、その世俗に降りることを自分たちは恥としない、と解釈してしまっては、この晦渋な表現のニュアンスをうまく受け取っていないのではないだろうか。柳田の先の発言は、もう少し深い思索と経験から出ているように私には思えるのである。

人間は考える存在である。人間は考え、考えから体系的知識を生み出し、生み出した知識を人間相互がさらに考えあう営み、それが学問であると私は理解している。したがって、それは「人間の頭脳」というものの、「考える」という説明概念（作っていくもの）と、「知識」という記述概念（作られたもの）の総体をさしている。そこには本質的には「実践」とか「役に立つ」という発想が入り込む余地はない。たまたま役に立つものもあるという性格のものである。その意味で、それは文学や芸術と似ている。

誰だろう、あるいはいつ頃からだろう、学問を「実践」とか「役に立つ」と結びつける発想をもったのは。柳田国男の民俗学においても、その「現場」――そこにいる「人びとの目」と言い換えてもよい――が、実践について、学問をする者（研究者）に対して問いかけたものなのではないか。

そのため、学問にとって、「実践」とか「役に立つ」ということは、原則的にいえば、受け身の存在だ。最初に自分たちから発したものではない。受け身のものは、相手に合わせる側面をもつ。そのため学問が「実践」とか「役に立つ」立ち回りをするとき、それは純粋の学問たり得ない。

柳田国男が言ったのは、このようなことをふまえたうえで、自己の「考える」という作業を、実用をはかるために自分に向かって強引にねじ伏せつつ、他者をも説得する、その手続きを経たうえでの、「恥としていない」という確信をもった発言であると、私は理解したい。

そのような意味の実践は、自己の純粋に「考える」という作業に他者が介入することだが、現場ばかりを歩く私は、他者介入を積極的にとらえたいと思っている。平たくいえば、他者から学ぶことばかりだ。周りを見渡すと私の尊敬するフィールド・ワーカーたちも、一つが、現場や他者から学ぶことを重視し、受身性を甘受したうえで自分のなかで積極的に切り替える回路をつくる道を選ぶか、もう一つが、思い切って学問そのものを現場に合わせて変えてしまう荒療治をするかをしているようである。

私はあえて分けると、すぐ後で述べるように、前者の選択をしているといえる。後者の人たちは、新しい学問名をつけたり、自分の研究は学問ではないという言い方をすることがしばしばある。今回の共通テーマの報告者の一人、龍谷大学の経済学者の中村尚司さんは、「民際学」という興味ある学をうち立てておられ、後者に属するのではないだろうか。

まとめると、今回の共通テーマである「学問の実践性」について、私は以下のように考えているのである。すなわち、学問の論理体系は、本来は、実践性とか役に立つという狭い枠に止まるものではなく、テーマによって、たまま実践性をもったり、役に立ったりすることがある。ただ、私ども現場を歩く者たちは、現場から問いかけられて、現場の深刻な課題の解決策を迫られる。それは厳密にいえば、受け身の形になり、純粋な意味での学問たり得ないことが少なくない。純粋な学問性を保ちつつ対応する場合は、アメリカなどの研究者集団は、学問の「応用」(applied)という表現で対応しているようである。

ところで私は、柳田国男の表現から刺激を得て、自分の研究を次のように位置づけている。すなわち、自分としては、現場に住む地元の人たちという「他者の力」を自分の力と合体(synergy)させることで、自分の研究を進めてきたので、合体という作業が、結果的に実践的になるのだという考え方をしている(1)。

この考え方にもとづいて、「生活環境主義」というモデルをつくってみたりしたが(2)、このモデルの欠点としてしばしば指摘されることは、地元の人たちに対する批判がないという点である。それは当然そうで、地元の力を借りるという学問的立場だから、地元から学ぶことはあっても、批判ということは少ない。したがって、これは欠点であるという指摘がある程度は当を得ていることを認めるが、これがまた固有の研究を生み出せる長所ともなっているので、おいそれと捨てるわけにはいかない。この私の学問的立場は、ある学問、それが社会学であれ、政治学であれ、その純粋の学問の応用という立場とは異なることに注意を喚起しておきたい。

この章では、神の土地にかかわる事例を呈示することで、私が選択している「学問の実践」を示すことにしたい。もちろん、私が選んでいる方法論がもっとも優れているとは思わないが、地元の立場から――洗練された言い方をすると地元の生活システムから――考え直すと何が見えるかは示せると思う。そしてそれが実践論の懐深くに食い込んでいるものであると自負している。その事例とは、鹿児島県の離島、黒島である(3)。

2 鹿児島県黒島の神の土地

所地と神地

鹿児島港から南下することおよそ一〇〇キロの東シナ海上、三つの島々から成り立つ三島村がある。その島の一つが黒島である。一八八六年(明治一八年)に地租改正吏として黒島に赴いた赤堀廉蔵の記録(『島嶼見聞録』)によると、黒島は島の周囲が「奇石怪石以テ、之カ屏壁ヲ為セリ。峰巒重畳シ竹樹蒼鬱青緑相錯リ風色画クカ如シ」と表現されており、竹と樹が青や緑を構成する美しい島であり、海から屏風のようにそそり立った険しい断崖のまま高い山の峰に連なる急峻な島であった(赤堀、一八八六)。

この島は一九九五年(平成七年)時点で人口二一七名、世帯数一一四である。黒島は二つの集落から成り立っている。一つが大里で、もう一つが片泊である。本章では片泊集落を中心に分析する。

黒島は伝統的には「男は漁釣を専らとし、婦女は耕作を業とす」(『三国名所図会』)とあるように、漁業と農業の島

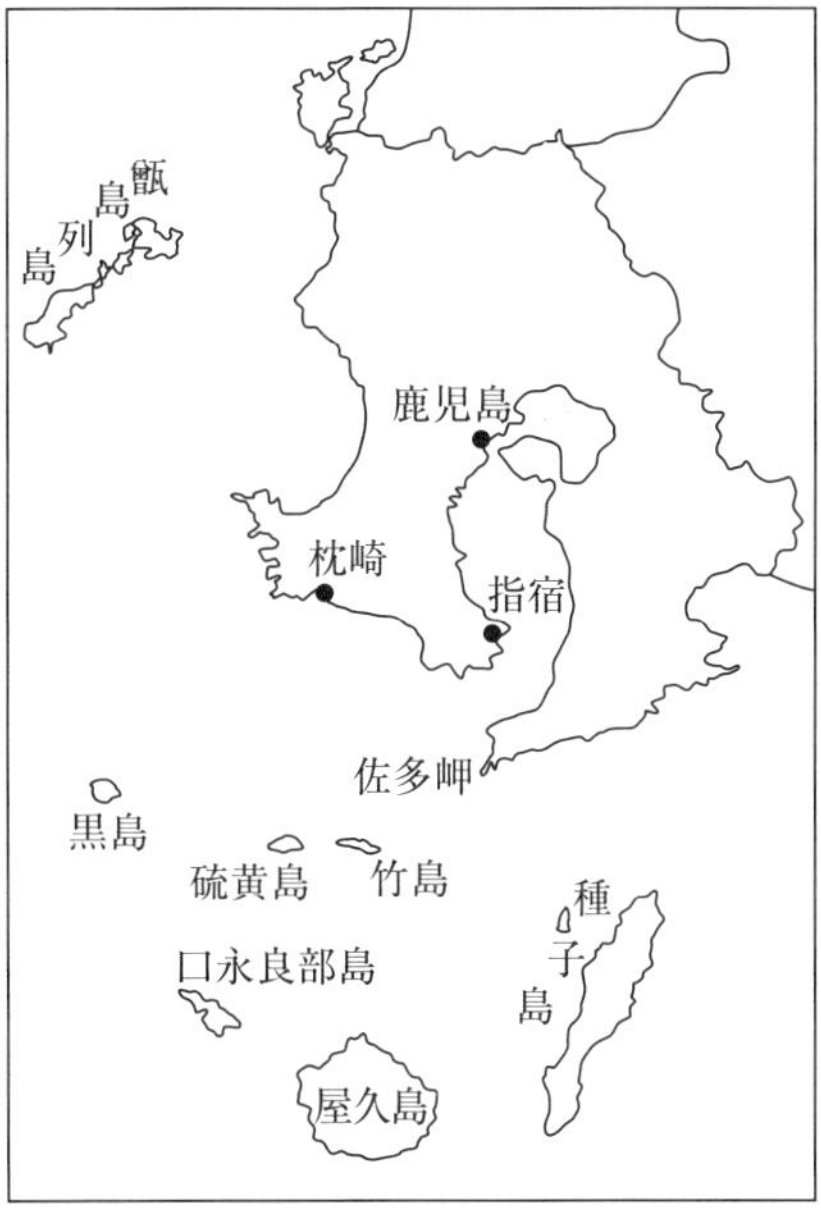

図13-1　三島村(黒島)の位置

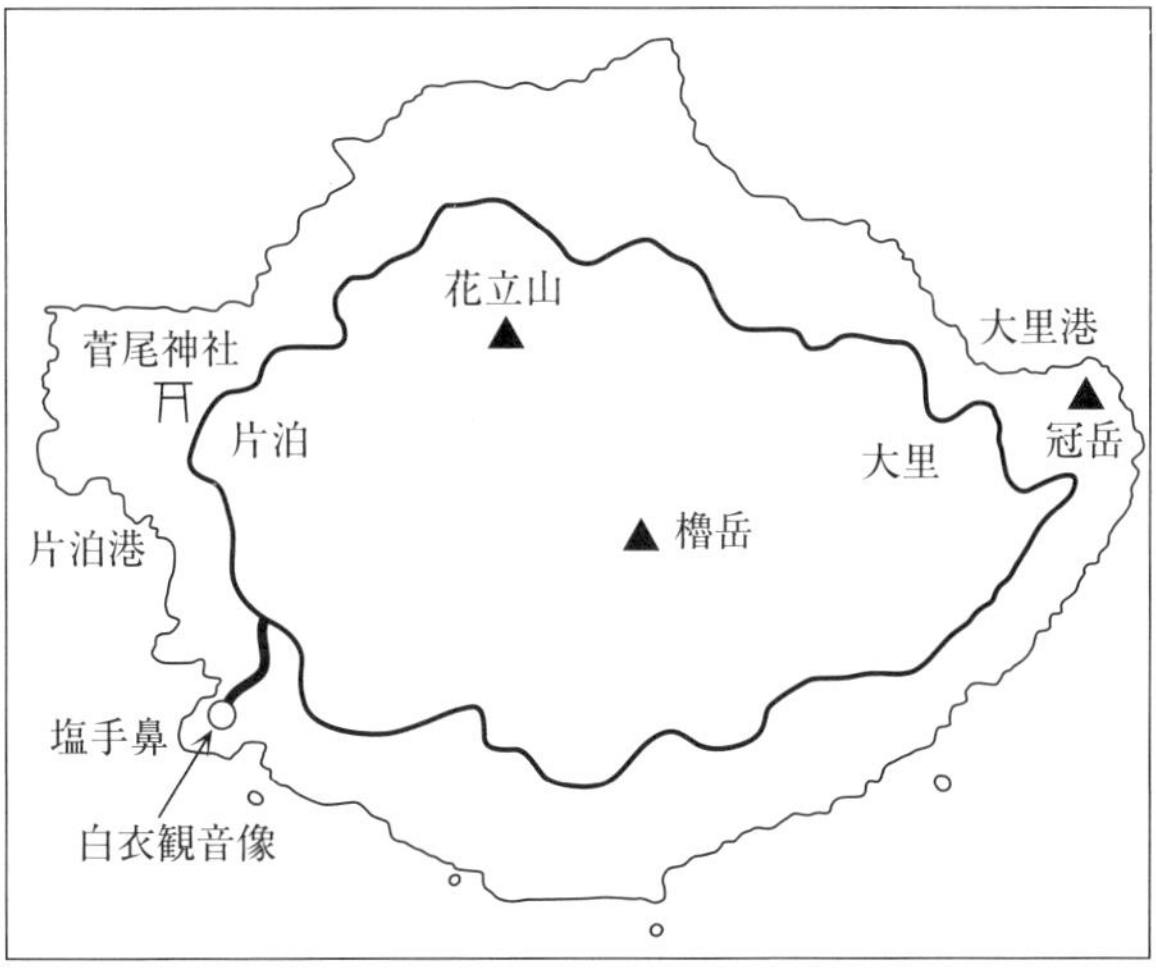

図13-2　黒島の詳細図

であった。ただ、近代に入って漁業は次第に勢いがなくなり、現在では、牧畜業が盛んとなって、農業は副次的な位置に置かれている。本章では、焼畑と呼ばれる農法が盛んであった少し古い時代から現在までの土地制度の変遷を詳しく記述する。焼畑が盛んであったのは、大まかにいえば、第二次世界大戦頃までである。
この島の土地は、神地（カミンジ）と所地（トコロンジ）に分けられる。トコロという表現は、ムラという意味に近いが、あえて両者の差異を述べると、ムラが社会組織のニュアンスを強くもつのに対し、トコロは場所や土地のニュアンスが強い。神地はいわゆる未使用地である。それに対して所地はトコロ＝ムラ、すなわち大里集落と片泊集落のそれぞれの差配下にある土地をさす。あるいは人間の差配下といってもよい。この所地は集落の共有地と集落内のクミ集団の共有地、それと個人有地の三種の土地の所有形態を内包している。それら所地に対して、空間的なイメージとして、その外側に位置するのが、神地としての未使用地である。(4)

未使用地の神地の変遷

早川孝太郎が転写してくれた片泊の「当番役覚」（表紙は宝暦一二年〔一七六二〕、したがってこの年以降の覚え書き）に神山についての記述が数か所ある。たとえば以下のとおりである（早川、一九四一、一三三頁）。

書物覚
一、右者当下山殊に神山御法度に被仰付候処に、私網子之者共より、神山切申候に付、別手無調法之至に候得共、重而より私茂網子人数に茂きらせ申間敷候、就夫に右之通に付、所中様江御理り申上候得は、御意御心易御すめ被下、恭奉存候間、就夫に出銀銭五貫文米壱俵差立申候、別条無御座候、為後日書附如斯御座候、以上
辰ノ九月三日

目網主取　　居左衛門
御所中様
このように江戸時代の地元の文献に、島外部(と推定される)の漁民が神山を切り、それに対して弁済をしている事実がわかる。したがって、未使用地としての神山は、人の手を加えないという神山としての機能を保全していたといえよう。
この神山に対しての最初の大きな変化は、明治になっての地租改正である。この地租改正によって、神山は未使用地ということで、「官有」になってしまった。それでも地元の感覚としては、今までの神山が今までと同じように無税で、それが近代国家になって官有と命名されたという程度の意識であったと想定される。
ただし、この官有地の面積はかなり過小に評価されていた(もっとも、この過小評価は日本の各地で普通にあったことである)。図13-3(字向山)を見ると、官有地は外側に細く存在するように見えるが、図の左上の方に二つの山が含まれていることから察することができるごとく、そこは広さの測量を断念せざるを

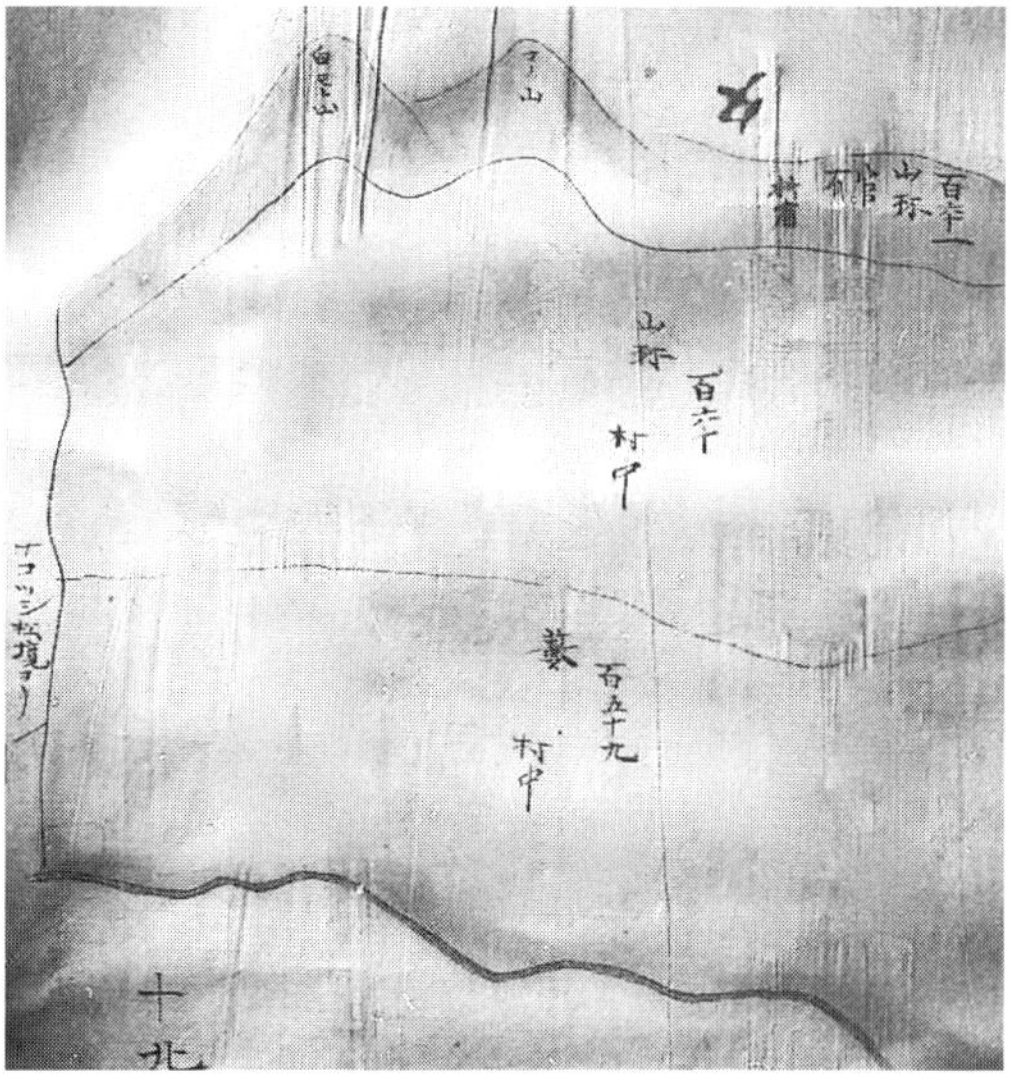

図13-3　地租改正絵図では小さく描かれる官有地
これは字向山の一筆の絵図での右半分である。中央に「百六十番、山林、村中」が見えるであろう。その上の細い幅が、「百六十一番、山林、官有」である。左上に二つの山(本当は広大)である白モト山とマノ山が小さく描かれている。
出典：三島村役場所蔵、地租改正絵図。

得ないほどの場所と広さであり、結果的にこの地租改正絵図では広さが表現されていない。

ところが一九〇七年(明治四〇年)に二回目の大きな変化がある。この官有地の一部が実測し直されて、この年に村有地として払い下げられた。その面積は四二二町三反四畝一歩で、地租改正のときの官有地の全部の面積の四倍近くの数値となっている。そのときの「筆数一一、価格二六四八円」であった。すなわち、村はこの値段を出して官有地を国から購入したのである。

ところがこれはまだ官有地の一部にすぎなく、一九一三年(大正二年)になって、「不要存置国有林野払い下げ規定」によって、残りの官有地(国有地)が鹿児島市の中牟田某を代表とする興業会社に払い下げられている。また先の一九〇七年(明治四〇年)の払い下げには問題もあったらしく、「明治四〇年に、鹿児島在住の一部策士の手で、ただの金千円也で、全島約三分二の森林が払い下げられた。以来、その森林をめぐって紛争が絶えなかった。いまある(村の)大部分の負債なども、たびたびの凶作の疲弊もあったが、多くはその訴訟費用であった」(早川、一九四一、一九〇頁)。

つまりは、神の土地である広大な未使用地が、官有地になり、それが村有地として返還されるにあたっては、村が購入費を払い、また他に、外部の民間のデベロッパーなどが購入をするということになったのである。さらに政府の土地政策の抜け穴を探し出して利益を得ようとする者も少なくなく、島民との対立もあったようで、訴訟にもなっているということだ。

これは未使用地の、現代風にいえば、乱開発を予測させるものであるが、このような考え方の背後には、明治期以降、植民・開発思想が行き渡り、海外はもちろん、国内の未使用地をも開発しようという政府のもくろみもあったのである。このもくろみに関するこの地域の最初の行動は、この島が属していた大島郡の責任者である大島島司の笹森儀助による開拓地探しである。笹森は黒島について以下のように記している。
本島他ノ二島ニ異リ、至ル処樹木森々開墾ニハ必ス大巨樹ヲ倒スニアラサレハ能ハス、故ニ力ヲ用フル事大ニシテ、女子ノ手腕ノミヲ以テ能ク為シ得ヘキ処ニアラス。故ニ焼蒔ト称スル一種ノ耕作法ヲ用フルノ地寡シ。然ルニ樹木ノ森々タル処寛斜沃穣ノ地多クハ水アリ、以テ灌漑ニ利ス。田地ヲ開墾スル数拾町歩ヲ得ヘク、又僅カニ樹木ヲ倒スノ労ヲ施サハ田畑ヲ開クノ地百町歩以上アリ。（笹森、一九六八）
笹森儀助は黒島に、樹木は森々として大巨木が多いけれども、土地は肥沃であり、水も豊かだから、木々を切り倒せば、広大な田畑ができると報告したのである。当然のことながら、この報告が開発に対して大きな弾みになった。未使用地、神地が侵食されていく過程は以上のようなものであった。ここで神地そのものの位置づけをしておこう。

神地の機能

集落に近い土地は、田や畑（定畑）、また焼畑（切替畑）として使用され、集落から遠方に未使用地としての神地があるというのが、大まかな配置である。ただ、面積はそれほど広大ではないが、意外と集落内に、また集落の近くにも神地が存在する。片泊にも二つの比較的広大な神地が存在すると三〇年前の調査のときに聞き取ったが、それが現在のどの場所かは不明である。この五〇年ほどの間に、学校敷地や教員住宅、ふれあいセンターなど、離島特有の多くの公的建物が相次いで建てられ、その場合、集落内の〝空き地〟である神地が利用された可能性が高い。

地租改正吏の記述になる『島嶼見聞録』に片泊集落の主神である菅尾神社の周辺についてつぎのような記述がある。「社ノ西ハ海岸ニ接シ蒲葵樹多シ、土人、神木トシテ剪伐セズ」（赤堀、一八八六）。菅尾神社は集落の下手、海に

写真13-1　所地と神地の境
焼畑の使用地（左側）と自然林の神地（右側）

近い方にある。この地域のビロウ樹は神木で切らなかったらしい。

また、ある高齢の女性が言っていた。そこは神地であったのかどうか自分は知らないが、海から集落に至る風の線上は森になっていて、住宅地が守られていたが、ふれあいセンターなどの公共施設ができて、直接、強い風が自分たちの住宅に当たるようになった。台風のときはたいへんなことになって困っている、との話である。

このような発言から、機能的な見方をすれば、どうも集落内や近辺の神地というのは、神がいるから信仰としてその土地を守るというよりも、その土地を守るために、神を安置するケースがありそうだと理解した方がよいように思われる。そう考えると、同じ黒島の大里集落の突端の峰は冠岳といい、そこだけが、多数のビロウ樹が生い茂って、いわゆる原生林になっているが、地元の人に聞くと、そこには小さな神社があるので手を入れないのだといっていた。これなどもわれわれ外部の人間から見ても、集落のすぐ先の峰なので、開発して土地が崩れるとまずいという見当はつく。

ところがかなり前のことだが、この冠岳に灯台がつくことになり、灯台は公共のものだからというので、やむなく神域での設置が許されたが、その灯台設置後、灯台が立っていたところも含めた峰のもっとも高い部分が崩れ、神罰だということだろう、当時の「バァさんなんかが泣いていた」と今回の聞き取りで話をしてもらった。改めて、灯台は冠岳からかなり後方のところに建て直されている。

すなわち、以下のような状態であるといえよう。黒島の住民が日常的に手を加えない場所、すなわち田畑として開発していない場所、そこは原生の林野かそれに近いものであったが、それは神の土地と位置づけられていた。明治以降、そこは官有地→国有地→国有地払い下げ、と変遷する。もともと自分たちの神様の土地であったものが、国の土地になり、払い下げで、村が購入したり、開発業者が購入したりすることになった。ここ黒島では、この官有地化から払い下げに至る制度的変遷そのものが、村の疲弊、また神地の自然破壊につながっている。この自然破壊の状況は次項のごとくである。

山野の破壊

さてここで、この明治以降の黒島の山野の破壊状況を一九三四年（昭和九年）に黒島を訪れた早川孝太郎の記述に依拠して示しておこう。

島に来て何よりも淋しく思ったのは、山の樹が殆んど伐りつくされていたことであった。（中略）目に映るものは、あたかも秋草の風に靡くように、山から山に波を打って続いた笹の繁りである。現在一部残っている林相から想像しても、伐採前の島の風景は美しかったに違いない。島は（中略）至る処に渓流と瀑布があり、その水もかつて枯(涸)れたことはなかったと言うが、昨年の夏の旱天には悉く旱し上った。そうして僅かに水のあったのはただの二つで、そのために大里部落にある唯一の水田も、苗代のまま藁にしてしまった。(中略)ことに片泊の菅尾神社の境内などは、全くの笹山になって、たった一株の蒲葵が、水母でも泳ぐように、海風に吹かれているのは哀れである。(早川、一九四一、三〇頁)
暴風雨、旱天、野鼠等の害を受ける度数も頻繁であったが、これは何も黒島に限ったことではない。ただ島として気の毒なのは、国有林払い下げに絡む他所の事業家との紛争で、大里部落などは、そのためにどうにもならない負債に苦しんでいる。昔からの禁断の神の森の蒲葵を伐払ったのも、じつはそれに原因している。必ずしも、信仰の頽廃ではないが、やむを得なければ、自身が禁断を破る罪を負って、神罰を覚悟する道をも選ばねばならなかった。しかも他の島とちがって、土地が人口に比較してひろかったこと、千古斧鉞を入れない森林〔神地のこと――鳥越注〕を持っていたことが、災いしたものとすれば悲しい皮肉で、硫黄島や竹島のように、山に樹が乏しかったら、おそらく経験しないですんだ苦痛であったかも知れぬのである。(早川、一九四一、一八九～一九〇頁)
先に、集落の近くの神の土地は、集落そのものを自然の脅威から守るために、自然の植生を保全したのだろうという言い方をした。ただ早川のこのような事実指摘を得て考え直すと、あるいは、神の土地すべてにその機能の側面があったかもしれないと言えそうである。すなわち未使用地には、島の水の保全、魚付き林という機能があった可能性がある。もっとも可能性であって、このあたりのことは明確ではない。日本ではないが、中国雲南省からの報告によると、タイ・ルーの神山は「共有の水資源の役割を兼ねていた」(長谷川、一九九九、一六八頁)そうだから、この推定は一定程度の信頼性はあるだろう。少なくとも黒島で言えることは、未使用地という自然が荒廃していく時期と、水不足や漁業の衰退の時期が重なっているという事実があるということである。

ともあれ、神の土地は破壊されつづけた。最初は未使用地としての神地が。そして現在は、さらに集落に近い神地も〝開発〟の憂き目にあっている。先に挙げた、大里集落の近くの冠岳は、灯台はその足下の山とともに崩れ去ったが、この二〇〇三年(平成一五年)現在、改めての新しい計画として、平和公園を冠岳の頂上に造る計画が進められている。広報『三島』(平成一五年一〇月一日)で村長は次のように言っている。

黒島大里の霊峰冠岳は、沖縄出撃の飛行経由地とされていたと伝えられていて、集落の全景を眼下にし、特攻機出発地の開聞岳、知覧基地一帯と、不時着した東シナ海の海浜を一望に収め、また観光の景勝地とも目されています。平和公園に、心からの申し出の特攻平和観音像を建立していただくことで、特攻機が負った決死の歴史と、平和の尊い意義を高く伝えられるのでは、と願っています。

ビロウ樹が茂る原生に近い森林、冠岳という高い山の上に平和公園を造る意図は、右記のものであろうが、地元が積極的である理由は、また別にある。それは公共事業となるからである。そしてその公園まで、必ず立派な道路が設置されるであろう。道路の建設は一年間に二キロほどの進展だから、この計画が実施されると数年間は公共事業で食っていけるのである。黒島内の二つの集落をつなぐ道路はすでに二本できあがっているので、新しい計画としては、このようなものを企画することになるのだ。

この特攻平和公園と似た計画は、片泊集落に近いところにすでにできあがっている。それは塩手鼻の岬の先に立つ「黒島流れ慰霊の白衣観音」(台風で亡くなった漁民の慰霊のため)で、そこへ通じる立派な舗装道路ができている(図13-2)。私は片泊集落から半日以上をかけて徒歩で往復したが、その間、一台の車にも出くわさなかった。慰霊の観音様のところに日常的に行くことはあり得ないから、それは当然である。

第二次大戦後、一貫してこの薩南の離島は、公共事業で生計を成り立たせてきた。周知のように、離島に対する戦後の政府の政策としては、「離島振興法」(一九五三年)などにより、道路建設、漁港整備、災害防除などの名目でのいわゆる公共事業の補助が主流であった。この必要性の低い道路などを造りつづけるという公共事業の存在と、神地=自然の山野の破壊とは、裏腹の関係にあるといっても過言ではない。つまり、自然への関与として、明治期以降の官有地・国有地の政策、第二次大戦後の公共事業、というひとつづきの政策があったのである。それは地元の独自性・生産性を結果的に削減する政策であったといえよう。

最近、地方の公共事業への依存体質に対しての批判がかまびすしい。マスコミはもちろんのこと、政府内部からも批判が出ている。それにもかかわらず、地方のさらに地方の離島が、神を祀る冠岳に「特攻の平和公園」を造るという奇想天外な着想にまでたどり着かなければならなかったところの、一八八六年(地租改正)から二〇〇三年までの一一七年間の経緯を、ここに手短に記した。

明らかなことはつぎの二点である。すなわち、一つは、地元が自ら好んで、自然環境を破壊したのではないということ。もう一つは、あるいはそのときどきの政府の好意であったかもしれないものの、一一七年間の政府の地方政策が、結果的には、この島に公共事業依存体質をつくりあげてしまったということ、である。ただ、原生林や原生に近い林野(神の土地)を実際に伐採したのは地元の人たちであるのは事実なので(黒島では、神地のビロウ樹を伐ってそれを販売して、小学校を建てた)、表面的に見れば、地元民が自然を破壊したことになる。

このようなことから、離島などの農漁民をつかまえて、公共事業に依存する主体性のない人たち=生活のために自然破壊を平気でする人たち、と位置づけるとしたならば、そのような批判は笑止千万であるという外はない。

3　地元の立場に立つと学問論としてなにが言えるのか

地元と研究者の合体

鹿児島県三島村黒島の事例ではなにが言えるだろうか。そこは過疎地で、地元の人たちは仕事も少なく、公共事業によって自然はかなり破壊されつづけている。地元の人たちが大切にしていた「神の土地」をも自らの手で破壊せざるを得ない状態であった。それを物理的に破壊したのは公共事業に従事している地元の人たち自身だが、破壊の元凶は一〇〇年以上に及ぶ国家の地域政策であった。地租改正や国有林政策、大島島司笹森儀助の、好意的ではあったが地元の実態から離れた開発政策などが、結局は地元をメチャメチャにしてしまった。その事実はここでの土地制度についての簡略な史的説明からもよく理解していただけたと思う。

さてそうすると、これに対応する施策としては、まず、公共事業依存体質の脱却をはかることになるだろう。大切なのはその体質の否定であって、公共政策を全面的に中止することではない。新しい体質の形成は役所に依存することではなくて、自分たち自身から組織化をしていくことを意味する。成功した他の地域の例から想定すれば、もっともありふれた方法は、青年団にあたる年齢層の組織(現実はどの地域でもかつてよりかなり高齢化しており、若手戸主層の集まりのニュアンスをもつ)が、音頭をとって、自分たちのムラをどうするか、という討議から始める必要がある。

その後の詳しいマニュアルはここでの課題ではないので省くとして、言いたい提要は単純である。つまり、破壊されつづけた生活を復元することである。問題は応急処置的公共事業で対応してきたことで、それは問題解決の時間延ばしをしてきたのみで、復元になっていないのである。

さて、ここから学問についての実践という本章の課題にもどろう。黒島のような事例が目の前に提示されると、私たち研究者は、国の地域政策の歴史的過ちを指摘することになる。ただそれは、地元の人たちに成り代わってというような権威的な立場ではなくて、研究者である〝自分たち自身の声〟としてそのような発言をするだろう。たしかに、その離島での、農業もうまくいかず、牧畜もうまくいかず、道路工事などの公共事業に依存する地元の人たちの心の暗さは、私たちに代弁の気持ちを起こさせる。

だが、自分たちの学問を実用の僕とさせて恥としないと思えるのは、本当のところは、私たち個人の自己完結した「考える」という作業を無理にねじ伏せてまでも、地元の複数の他者の力添えを得てはじめて学べるところの、社会に対する矛盾や人間の意味を示したいからである。

感覚的な表現をすれば、地元の人たちの心に感じていること、また自分の心が感じていることが、自分のなかで合体して表現したとき、それが結果的として実践的になっている、あるいは既存政策批判の政策論になっている、といえよう。したがってまた学問論でいえば、現場に行って、ムラづくりマニュアルを研究者が実行していくことが実践とは思わないのである。

危険な地元主義

ただ、このような〝地元主義〟的な学問論はじつは危険な側面をもっている。その危険性をもっとも鋭敏なかたちで示した古典は、マックス・ウエーバーの『職業としての学問』である。ウエーバーの言い方を使うと、地元肯定論はそこに価値判断が入っており、それは「小さな予言者」になってしまうことで、そのときかれは研究者ではないということになる。

この「小さな予言者」とはどういうことかというと、以下のようにウエーバーは言う。今ヨーロッパで複数の神々が争っているとして（異なる宗教間であれ、同じキリスト教内の宗派であれ）、神々の争いに決着をつけるのは（どの神が正しいかということを決めるのは）学問の役割ではない。学問が把握できるのは、それぞれの宗教や宗派に内在する秩序を比較したり、秩序において神に当たるものはなにか（神の機能）をあきらかにすることである。そこでもし、学生が教師に「われわれはただの分析や事実の確定ではないなにかあるものを体験したくて講義に出ているのだ」と言えば、それは教師に教師本来以外のものを求めているのだ。「あい争っている神々のどちらにわれわれは仕えるべきか（われわれはいかに生きるべきか）」という問いに答えられるのは、預言者か救世主だけである。それを大学の教師が代わって答えたとしたら、かれらは「小さな預言者」になってしまう。

さらにウエーバーは言う。学問には学問固有の役割がある。「気をつけろ、悪魔は年を取っている（年齢が知恵を蓄えさせている）、だから悪魔を理解するにはお前も年を取らなくてはならぬ」（ゲーテ『ファースト』）というメフィストフェレスの言葉は、たんに年齢を重ねろと言っているのではなくて、もし悪魔をやっつけようと思うならば、悪魔の能力と限界を知るために、悪魔のやり方を底まで見抜いておかなければならない、と言っているのである。

すなわち、学問の役割は、事実的関連の認識であり、それは非常に大切なことであって、そこに救いや啓示を求めてはならない。このような主張である。たいへんよくわかる主張であり、当時のドイツは社会的に不安定であって、軽々に社会的救世主を求めていた若者たちを、ウエーバーが〝一喝〟した意味は大きい。

つまりはウエーバーは徹底的に学問の価値判断を排除している。そのようなものを学問に求めるのは邪道であると言っているのだ。したがって、先の黒島の例で言えば、環境が破壊された仕組みを説明すれば十分であって、「離島などの農漁民をつかまえて、公共事業に依存する主体性のない人たち＝生活のために自然破壊を平気でする人たち、と位置づけるとしたならば、そのような批判は笑止千万であるという外はない」という地元の立場に立った明確な価値判断の表示は、「小さな予言者」的発言であり、学生たち若者に拍手喝采を受けても、それは学問の領域外であるということになる。

それに対し、柳田国男や柳田の学問を学んだ私の立場は「小さな予言者」肯定論である。私のウエーバーへの批判は、なんといってもウエーバーは書物を通じての実証主義的研究者であって、現場からの研究者ではないということである。ウエーバーの学問論では、「考える」という学問の形成要因の中に他者（現場）が入っていない。自分の考えるという回路の中に自己をねじ伏せつつ、他者を介在させ、そこで成立する論理（現場での生活の論理）を、本章では実践と呼んでいるのである。これはウエーバーのレトリックでは「小さな予言者」ということになるが、厳密にいえば「小さな予言者」には、既存の自己をねじ伏せながらの他者介入という形での合体がない。そこにはどちらの神が正しいかという啓示的な価値選択があるだけである。

今、本章で主張している学問論は、ウエーバーの比喩を使えば、神や悪魔から距離をおいて客観的に分析するのではなくて、自分が神や悪魔になったらどう考えるかという視点を導入することなのである。それは「職業としての学問」というよりは「生き方としての学問」ということになろう。

註

（1）　synergy の語源は、神意と人間の意志の協働をさす。ただ、ここでは基本的には、現代の用法である「共同作用」を意味しているものの、語源をひきずったニュアンス、つまり他者と自分との意志の協働の意味で使いたい。
（2）　生活環境主義とは、環境社会学の分野で形成したモデルである。地元のコミュニティの生活に視点を定めたモデルで、人間によって攪乱されていない自然を望ましいと考えるいわゆるエコロジーモデルや、近代技術が環境問題を解決するという近代科学主義モデルと対置する考え方である。詳しくは、鳥越皓之（一九九七）をご参照いただければ幸いである。また、菅豊氏の企画で、二〇一三年一一月一六日に東京大学東洋文化研究所において、東文研セミナー「生活環境主義とは何か―民俗学の思想を問い直す」というシンポジウムがあり、基調講演を行った。
（3）この黒島の事例は、鳥越（二〇〇四）で一層詳しく記述している。学問の実践という今回の課題を具体的に説明する素材として、この研究ノートでの記述が適していると判断したからである。
（4）この島の土地所有については、鳥越（一九八二）に詳しい。

参考文献

『島嶼見聞録』赤堀廉蔵　一八八六　鹿児島県立図書館蔵
『三国名勝図会』五代秀尭・橋口兼柄　一九〇五（一八四三執筆）　一九八二復刊　図書出版青潮社
鳥越皓之　一九八二『トカラ列島社会の研究』御茶の水書房
鳥越皓之　一九九七『環境社会学の理論と実践』有斐閣
鳥越皓之　二〇〇四「神の名の下に自然を守る伝統について」『社会学ジャーナル』二九号　筑波大学
『拾島状況録』笹森儀助、明治二八年巡回、青森県立図書館蔵（『日本庶民生活資料集成』第1巻　一九六八　三一書房）
早川孝太郎　一九四一『古代村落の研究―黒島―』小川書房（『早川孝太郎全集』第九巻　一九七六　未来社）
長谷川清　一九九九「祠と水と人」鈴木正崇編『大地と神々の共生』昭和堂
マックス・ウェーバー　一九九三『職業としての学問』尾高邦雄訳　岩波書店

〔付記〕　本章は「学問の実践と神の土地」新崎・比嘉・家中編『地域の自立シマの力』下、コモンズ、二〇〇六に加筆訂正をしたものである。なお、本章の基となる沖縄大学地域研究所でのシンポジウムでは、この黒島の事例以外に、イギリスのナショナル・トラストをとりあげたが、後者の事例は今回は割愛した。

あとがき

日本の伝統的な挨拶として、「ご無事ですか」とか「ご無事でよかったですね」という表現がある。「事」が「無い」ということが、大きな関心なのである。

何事も起こらないとは、どういうことであろうか。そこには、より一層しあわせになるとか、より一層お金持ちになる、出世をするというような「発展」への希求はない。

人びとが自然の神をつくり、自然の神に祈願したことは、この「無事」ということであった。自然の神は、豊作や大漁を保証するという役割をまったく担っていない。それが村の鎮守の神様や漁村のエビス神と異なるところである。「無事」一筋、ひでりや旱魃、洪水、大嵐という「事」が起こらないことを祈る神であった。自然はそれほどに恐ろしい存在であり、それに対して人びとはなんとか「無事」を祈ったのである。無事への希求が、冒頭に示した挨拶となり、それはしばしば人生観ともなっていったように思う。

本書では私のやや不案内な民間信仰をあつかったのと、現在私は校務をはじめとした多忙さのなかにあって、研究について深く考える時間を十分にもてない状況にある。そのために、本書がテーマに耐え得るほどの内容を表現できたかどうか覚束ないところもある。社会的に大切なテーマと思って本書をまとめたのであるが、一方でこの研究分野が多数の読者を引きつけるテーマでないことも自覚している。

そうした性格をもつ本書の出版をあえて決意してくださった岩田書院の岩田博社長のご厚情に心から感謝を申し上

げたい。
また大手前大学交流文化研究所からは出版の助成をしていただいた。所長の小林宣之教授のご高配にも、この場を借りてお礼を申し述べておきたい。

二〇一七年九月二〇日

鳥越　皓之

索　引

著者紹介

鳥越 皓之（とりごえ　ひろゆき）
1944年生まれ。東京教育大学大学院文学研究科博士課程単位取得満期退学。
文学博士。
関西学院大学教授、筑波大学教授、早稲田大学教授を経て、現在、大手前大学学長。
民俗学・歴史学関係の著書・編著に以下のものがある。
『最後の丸木舟——海の文化史』御茶の水書房、1981
『トカラ列島社会の研究』御茶の水書房、1982
『水と人の環境史』（共編）御茶の水書房、1984
『沖縄ハワイ移民一世の記録』中公新書、1988
『民俗学を学ぶ人のために』（編）世界思想社、1989
『試みとしての環境民俗学』（編）雄山閣出版、1994
『景観の創造』（編）昭和堂、1999
『柳田民俗学のフィロソフィー』東京大学出版会、2002
『花をたずねて吉野山』集英社新書、2003
『水と日本人』岩波書店、2012
『環境の日本史5』（編）吉川弘文館、2013
『琉球国の滅亡とハワイ移民』吉川弘文館、2013

自然《しぜん》の神《かみ》と環境民俗学《かんきょうみんぞくがく》

2017年（平成29年）12月　第１刷　630部発行　　定価［本体2200円＋税］
著　者　鳥越 皓之

発行所　有限会社岩田書院　代表：岩田　博　　http://www.iwata-shoin.co.jp
〒157-0062 東京都世田谷区南烏山4-25-6-103　電話03-3326-3757　FAX03-3326-6788
組版・印刷・製本：ぷりんてぃあ第二

ISBN978-4-86602-011-2　C3039　¥2200E

岩田書院 刊行案内（25）

			本体価	刊行年月
980	柴　裕之	織田氏一門＜国衆20＞	5000	2016.11
981	松崎　憲三	民俗信仰の位相	6200	2016.11
982	久下　正史	寺社縁起の形成と展開＜御影民俗22＞	8000	2016.12
983	佐藤　博信	中世東国の政治と経済＜中世東国論６＞	7400	2016.12
984	佐藤　博信	中世東国の社会と文化＜中世東国論７＞	7400	2016.12
985	大島　幸雄	平安後期散逸日記の研究＜古代史12＞	6800	2016.12
986	渡辺　尚志	藩地域の村社会と藩政＜松代藩５＞	8400	2017.11
987	小豆畑　毅	陸奥国の中世石川氏＜地域の中世18＞	3200	2017.02
988	高久　舞	芸能伝承論	8000	2017.02
989	斉藤　司	横浜吉田新田と吉田勘兵衛	3200	2017.02
990	吉岡　孝	八王子千人同心における身分越境＜近世史45＞	7200	2017.03
991	鈴木　哲雄	社会科歴史教育論	8900	2017.04
992	丹治　健蔵	近世関東の水運と商品取引 続々	3000	2017.04
993	西海　賢二	旅する民間宗教者	2600	2017.04
994	同編集委員会	近代日本製鉄･電信の起源	7400	2017.04
995	川勝　守生	近世日本石灰史料研究10	7200	2017.05
996	那須　義定	中世の下野那須氏＜地域の中世19＞	3200	2017.05
997	織豊期研究会	織豊期研究の現在	6900	2017.05
000	史料研究会	日本史のまめまめしい知識２＜ぶい＆ぶい新書＞	1000	2017.05
998	千野原靖方	出典明記 中世房総史年表	5900	2017.05
999	植木・樋口	民俗文化の伝播と変容	14800	2017.06
000	小林　清治	戦国大名伊達氏の領国支配＜著作集１＞	8800	2017.06
001	河野　昭昌	南北朝期法隆寺雑記＜史料選書５＞	3200	2017.07
002	野本　寛一	民俗誌・海山の間＜著作集５＞	19800	2017.07
003	植松　明石	沖縄新城島民俗誌	6900	2017.07
004	田中　宣一	柳田国男・伝承の「発見」	2600	2017.09
005	横山　住雄	中世美濃遠山氏とその一族＜地域の中世20＞	2800	2017.09
006	中野　達哉	鎌倉寺社の近世	2800	2017.09
007	飯澤　文夫	地方史文献年鑑2016＜郷土史総覧19＞	25800	2017.09
008	関口　健	法印様の民俗誌	8900	2017.10
009	由谷　裕哉	郷土の記憶・モニュメント＜ブックレットH22＞	1800	2017.10
010	茨城地域史	近世近代移行期の歴史意識・思想・由緒	5600	2017.10
011	斉藤　司	煙管亭喜荘と「神奈川砂子」＜近世史46＞	6400	2017.10
012	四国地域史	四国の近世城郭＜ブックレットH23＞	1700	2017.10
013	時代考証学会	時代劇メディアが語る歴史	3200	2017.11
014	川村由紀子	江戸・日光の建築職人集団＜近世史47＞	9900	2017.11
015	岸川　雅範	江戸天下祭の研究	8900	2017.11
017	福江　充	立山信仰と三禅定	8800	2017.11